全民经典阅读

李华通——主编

尊老爱幼
——传统美德的力量

成都地图出版社

图书在版编目（CIP）数据

尊老爱幼：传统美德的力量/李华通主编．
成都：成都地图出版社有限公司，2025.1．-- ISBN 978-7-5557-2619-7

Ⅰ.D432.62

中国国家版本馆 CIP 数据核字第 2024C85L99 号

尊老爱幼——传统美德的力量
ZUNLAO AIYOU——CHUANTONG MEIDE DE LILIANG

主　　编：	李华通
责任编辑：	赖红英
封面设计：	李　超

出版发行：	成都地图出版社有限公司
地　　址：	四川省成都市龙泉驿区建设路2号
邮政编码：	610100

印　　刷：	三河市人民印务有限公司

（如发现印装质量问题，影响阅读，请与印刷厂商联系调换）

开　　本：	710mm×1000mm　1/16
印　　张：	10　　　　　字　数：150千字
版　　次：	2025年1月第1版
印　　次：	2025年1月第1次印刷
书　　号：	ISBN 978-7-5557-2619-7
定　　价：	49.80元

版权所有，翻印必究

前　言

"老吾老，以及人之老；幼吾幼，以及人之幼。天下可运于掌。"孟子这段话的意思是："尊敬自己的长辈，进而推广到尊敬别人的长辈；爱护自己的子女，进而推广到爱护别人的儿女。如果以这样的准则治理国家，统一天下就如运转于掌心一样容易了。"尊老爱幼是中华民族的传统美德。

尊老就是孝敬父母，尊敬老人和长辈。早在原始社会，我们的祖先就十分重视老人的生活，那时人们过着平等互助的氏族部落生活，采果、打猎等重体力劳动都是由身强体壮的青年人去完成，在分配食物上却是偏向老人和长辈。我国封建社会也曾提出礼、孝、智、仁等道德规范，这里面也包含着尊老敬贤的思想。

古人云："乌鸟私情，愿乞终养。"孝敬父母、尊敬老人是时代的需要，是社会的需要，更是我们的义务。

"十年树木，百年树人。"长辈对晚辈的培养，应当从大处着眼，从小事做起。培养晚辈，是长辈义不容辞的职责。晚辈的健康成长，有赖于长辈的栽培；而晚辈的成才，又是长辈的殷切希望。对于晚辈，长辈应当注重双方的语言交流，通过彼此之间的交谈，及时交流思想，并且有意识地进行批评、指点或者帮助。这就是对晚辈言传的基本意义。当然，长辈也应注意身教。长辈若是言行一致，凡事身体力行，就会为晚辈树立良好榜样。身教重于言传，每一个做长辈的人，绝不能忽略或低估自己在晚辈面前的示范作用。

古人云："挟泰山以超北海，此不能也，非不为也；为老人折枝,是不为也,非不能也。"不管处于什么时代,尊老爱幼的优良传统不能丢。大家要孝敬自己的父母,还应该尊敬别的老人,爱护年幼的孩子,在全社会行成尊老爱幼的淳厚民风,这是我们的责任。

　　总之,尊老爱幼是我国的传统美德,阅读尊老爱幼的故事,弘扬尊老爱幼的优良传统,每个人都应为我国精神文明建设贡献自己的一份力量。书中列举的故事不仅为了启发大家,更希望引导大家从故事中学美德,身体力行,从现在做起,从自己做起,从身边的每一件小事做起,做一个尊老爱幼的模范。人人都做到尊老爱幼,尊敬长辈,社会一定会变得更加和谐。

目　录

第一章　尊老敬贤

孔子尊老子 …………………………………… 2
张良尊老拾鞋 ………………………………… 3
刘邦敬老得贤臣 ……………………………… 6
韩信尊老 ……………………………………… 9
唐太宗教子尊老 ……………………………… 10
雍正帝扣银罚轻师 …………………………… 12
郑板桥对联尊老 ……………………………… 13
梅兰芳敬老 …………………………………… 14

第二章　孝敬老人

曾参敬老故事 ………………………………… 18
卞庄子采蜜敬老 ……………………………… 19
缇萦尊老救父 ………………………………… 21
司马迁尊老写书 ……………………………… 23
班固尊老著书 ………………………………… 24
蔡文姬为老续书 ……………………………… 26

李密尊敬祖母	……………………………	28
乐颐赤足奔丧	……………………………	30
谢蔺尊老不先餐	…………………………	31
秦族尊老敬老	……………………………	32
贺若弼继承遗志	…………………………	33
孙思邈学医敬老	…………………………	35
朱丹溪学医	………………………………	38
戚继光敬老立志	…………………………	39
方观承千里探亲	…………………………	41
谭嗣同临危救老	…………………………	43
冯玉祥敬老故事	…………………………	45
鲁迅敬老	…………………………………	47
茅以升尊老设立奖学金	……………………	48
冼星海的敬老情	…………………………	50
才旦卓玛尊老敬老	………………………	52

第三章　尊师好学

子贡颂师	…………………………………	55
颜回尊重老师	……………………………	56
秦始皇拜荆条	……………………………	58
汉明帝尊重老师	…………………………	59
华佗尊老拜师	……………………………	61
郑玄尊老求学	……………………………	63
石勒尊老好学	……………………………	66
范缜尊老	…………………………………	67
画圣吴道子尊老学艺	……………………	68

宋太祖尊老尚学 …………………………………… 70
陆佃尊老千里求师 …………………………………… 72
程门立雪 …………………………………………… 73
宋濂尊老求学不怕苦 ………………………………… 74
柳敬亭谨尊师言 …………………………………… 76
康熙尊老虔诚跪师 ………………………………… 79
华罗庚尊重老师 …………………………………… 80
齐白石不负师恩 …………………………………… 82
程俊英不忘教诲 …………………………………… 85
张乐平冒雨探恩师 ………………………………… 87
魏巍对老师的深情 ………………………………… 88
李宁赠金牌 ………………………………………… 91
陈景润尊师 ………………………………………… 92

第四章　教子有方

孟母三迁 …………………………………………… 96
孟母买肉啖子 ……………………………………… 98
孟母断机教子 ……………………………………… 99
司马光爱子教育 …………………………………… 100
曾国藩教子的故事 ………………………………… 102
梁启超对孩子的爱护 ……………………………… 104
鲁迅的爱子艺术 …………………………………… 106
丁玲母亲的爱子经验 ……………………………… 110
李烈钧将军教子故事 ……………………………… 112
邓稼先尊父爱女 …………………………………… 113
画家李苦禅的教子故事 …………………………… 117

何香凝对廖承志的爱护 …………………………………… 119
缪印堂的漫画与他父母 …………………………………… 121
蔡志忠的爱护子女秘方 …………………………………… 124
牛群爱护子女的方法 ……………………………………… 127

第五章　关爱学生

孔子因材施教 ……………………………………………… 130
陶渊明爱生有方 …………………………………………… 136
汤显祖爱生办学 …………………………………………… 138
蔡元培爱护北大学生 ……………………………………… 141
朱自清为门生写《级歌》 ………………………………… 145
陶行知办学爱生 …………………………………………… 146
四块糖的故事 ……………………………………………… 148
斯霞关爱学生 ……………………………………………… 150

第一章 尊老敬贤

孔子尊老子

> 老吾老，以及人之老；幼吾幼，以及人之幼。
> ——孟子

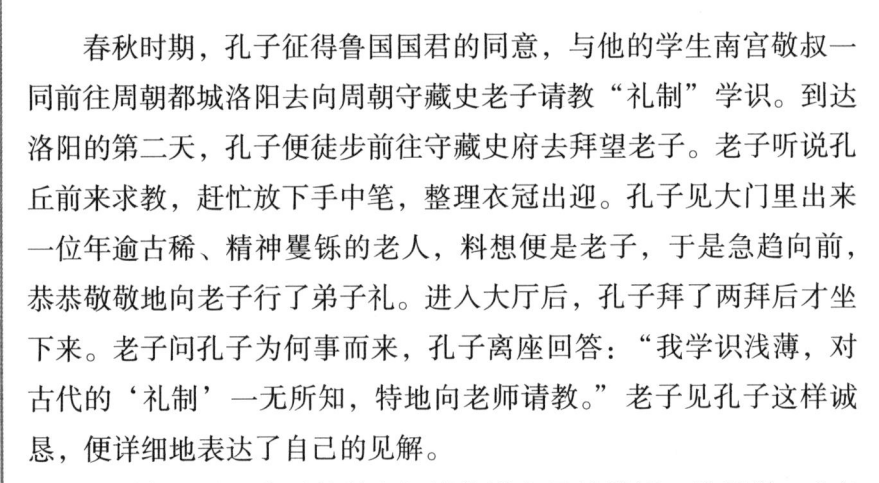

春秋时期，孔子征得鲁国国君的同意，与他的学生南宫敬叔一同前往周朝都城洛阳去向周朝守藏史老子请教"礼制"学识。到达洛阳的第二天，孔子便徒步前往守藏史府去拜望老子。老子听说孔丘前来求教，赶忙放下手中笔，整理衣冠出迎。孔子见大门里出来一位年逾古稀、精神矍铄的老人，料想便是老子，于是急趋向前，恭恭敬敬地向老子行了弟子礼。进入大厅后，孔子拜了两拜后才坐下来。老子问孔子为何事而来，孔子离座回答："我学识浅薄，对古代的'礼制'一无所知，特地向老师请教。"老子见孔子这样诚恳，便详细地表达了自己的见解。

回到鲁国后，孔子的学生们请他讲老子的学识。孔子说："老子博古通今，通礼乐之源，明道德之归，确实是我的好老师。"同时，他还赞扬老子说："鸟儿，我知道它能飞；鱼儿，我知道它能游；野兽，我知道它能跑。善跑的野兽我可以结网来逮住它，会游的鱼儿我可以用丝线缚在鱼钩上来钓到它，高飞的鸟儿我可以用箭把它射下来。至于龙，我却不知道它是如何乘风云而上天的。我今天见到老子，他大概就是龙吧！"

张良尊老拾鞋

> 古之圣王未有不尊师者也，尊师则不论其贵贱贫富矣。
>
> ——《吕氏春秋》

张良（？～前190年或前189年），字子房，汉初的谋略家、政治家。传为汉初城父（《史记·索引》引《后汉纪》云："张良出于城父"）（今河南襄城西南）人。张良出身于贵族世家，祖父连任战国时韩国三朝的宰相。父亲张平，继任韩国二朝的宰相。至张良时，韩国已逐渐衰落，后被秦所灭。韩国的灭亡，使张良心存亡国亡家之恨，并把这种仇恨集中于一点——反秦。

后来，张良到东方拜见仓海君，共同制定谋杀秦始皇的行动计划。他散尽家资，找到一个大力士，为他打制了一只重达120斤的大铁锤（约合现在25公斤），然后差人打探秦始皇东巡行踪。公元前218年，秦始皇东巡，张良很快得知消息。在秦始皇的巡游车队到达博浪沙（今河南原阳东南）时，张良与大力士埋伏在其必经之地。不多时，远远看到一个车队由西边向博浪沙处走来。按照君臣车辇规定，天子六驾，即秦始皇所乘车辇由六匹马拉车，其他大臣四匹马拉车，刺杀目标是六驾马车。只见前面一行人鸣锣开道，紧跟着是马队清场，之后是黑色旌旗仪仗队，仪仗队两边，大小官员前呼后拥。见此情景，张良与大力士确定是秦始皇的车队到达。但所有车辇全为四驾，分不清哪一辆是秦始皇的座驾，只看到车队最中间的那辆车最豪华。于是张良指挥大力士向该车击去。大铁锤一下将乘车者击毙。张良趁乱钻入芦苇丛中，逃离现场。

然而，被大力士击中的为副车，秦始皇因多次遇刺，早有预防准备，所有车辇全部四驾，时常换乘座驾，张良自然很难判断哪辆车中是秦始皇。秦始皇下令在全国大肆搜捕凶手，但因无从查起，后来不了了之。张良锤击秦始皇未遂，不得不隐姓埋名，逃匿于下邳（今江苏睢宁北），等待风声过去。

一天，张良闲步在下邳的一座桥头，遇到一位穿着粗布短袍的老翁。这个老翁走到张良的身边时，故意把鞋脱了扔到桥下，然后傲慢地差使张良道："小伙子，快到桥下把我的鞋子捡回来！"张良觉得很奇怪，一个毫不相识的老人竟故意难为自己，如此不客气地下命令，一时火气上来，不想去拾。但张良看老翁这么大年纪了，觉得可以谅解，对老人应该尊重。于是，他压住火气，跑到桥下把鞋子拾来递给老人。谁知老人并不接，而是把脚伸过来，命令道："快给我穿上！"张良心想："既然已经替他取了鞋子，好人做到底，就给他穿上吧！"于是，他跪下去给老人穿好鞋子。然而，老人只是对他笑了一笑，就走了。

张良心想："这个人也太奇怪了吧。"

走了一段路，老人忽然又走回来，对张良说："我看你这个小伙子将来能有出息。五天后一早，我们在这儿会面。"张良恭恭敬敬地连声说："是！是！"

5天后，鸡鸣时分，张良急匆匆地赶到桥上，谁知老人早已等在桥头。见张良来到，老人忿忿地斥责道："与老人相约，为何误时？5日后再来！"说罢离去。到了第四天的后半夜，鸡刚叫头一遍，张良就到了，谁知老人又比他早到。老人生气地说："为什么又来迟了?"说完,转身就走,边走边吩咐道:"五天后再来,早一点。"这次,到了第四天晚上,张良干脆不睡了。前半夜就赶到那里。等了一会儿,老人也来了。他见张良来得早,便笑眯眯地说:"这还差不多!"于是他送给张良一本书,说:"读此书则可为王者师。10年后将有王者兴起。再过13年,你我将在济北见面,那时你如果在谷城山下见到一块黄石头,那就是我。"说罢,他扬长而去。

等到天亮,张良捧书一看,原来是《太公兵法》。从此,张良日夜研习兵书,俯仰天下大事,终于成为一个文韬武略、足智多谋的"智囊"。

秦二世元年(前209年)七月,陈胜、吴广在大泽乡揭竿反秦。紧接着,各地反秦武装风起云涌。矢志抗秦的张良也聚集了100多人,扯起了反秦的大旗。后因自感身单势孤,难以立足,只好率众投奔景驹(自立为楚王的农民军领袖),途中正好遇上刘邦率领义军在下邳一带发展势力。两人一见如故,张良多次以《太公兵法》进说刘邦,刘邦多能领悟,并常常采纳张良的谋略。于是,张良果断决定跟从刘邦。作为士人,深通韬略固然重要,但施展谋略的前提则是要有善于纳谏的明主。这次不期而遇,张良"转舵"明主,反映了他在纷纭复杂的形势中清醒的头脑和独到的眼光。从此,张良深受刘邦的器重和信赖,他的聪明才智也有机会得以充分地发挥。

刘邦敬老得贤臣

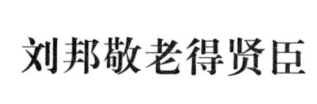

> 汉高祖刘邦比西楚霸王项羽强,他得天下一因决策对头,二因用人得当。
>
> ——毛泽东

汉太祖高皇帝刘邦(前256—前195年),字季(一说原名季),沛县(今属江苏)人,起兵于沛县。其父刘煓(刘太公),字执嘉,生有四个儿子,即刘伯、刘仲、刘邦、刘交,刘邦排行第三。秦朝时曾担任泗水亭长,在秦末农民战争中起义,登高一呼,天下英雄云集于麾下,称"沛公"。

公元前209年,秦末农民起义爆发。陈胜、吴广率领起义军攻占了陈(今河南淮阳)以后,建立了"张楚"政权。这时,沛县的县令也想响应起义以继续掌握沛县的政权。萧何和曹参当时都是县令手下的主要官吏,他们劝县令将本县流亡在外的人召集回来,一来可以增加力量,二来也可以杜绝后患。县令觉得有理,便让樊哙把当时已拥数百之众的刘邦找回来,刘邦便带人往回赶。县令却又后悔了,因为他害怕刘邦回来不好控制,弄不好还会被刘邦所杀,等于是引狼入室。所以,他下令将城门关闭,还准备捉拿萧何和曹参。萧何和曹参闻讯赶忙逃到了城外。刘邦赶到后,将一封信射进城中,鼓动城中的百姓起来杀掉出尔反尔的县令,一起保卫家乡。百姓对平时就不太体恤他们的县令很不满，杀了县令后打开城门迎进刘邦，又推举他为县令，领导大家起事。刘邦便顺从民意，设祭坛，自称赤帝的儿子，领导民众反秦。这一年，刘邦已经有48岁了。

秦末农民战争中还有一支强大的力量，是由原来楚国贵族的后代项羽和叔父项梁领导的。项羽和叔父项梁在吴中（今江苏苏州）起兵，兵力很快达到了近万人。在项梁死后，项羽决定和刘邦一起西进关中。楚怀王与他们约定，先进入咸阳者为关中王。

刘邦率领大军直捣秦朝都城咸阳的门户——函谷关。他途经高阳（今河南杞县西南），要消灭驻扎在那里的秦军。

高阳有位很有韬略的老人，名叫郦食其。他看到刘邦是个能成就大业的人物，就让在刘邦帐下当骑兵的一个乡亲引见，想见刘邦，愿为他效劳。刘邦答应了。

这天，郦食其来到刘邦居住的驿舍，进到屋里，看见刘邦正坐在床边，让两个女子给他洗脚。这不是见贤者之礼，郦食其故意慢腾腾地走到刘邦面前，作揖而不拜。刘邦见来人是个60多岁的儒生，坐在床边纹丝不动。

郦食其看到刘邦这样傲慢无礼，很生气，高声问道："足下带兵到此，不知是帮助秦朝攻打起事的诸侯呢，还是帮助各诸侯讨伐暴秦呢？"

刘邦见他不下拜，说话还这样随便，不仅明知故问，举止还故作斯文，于是大动肝火，吼道："你真是一个不识时务的书呆子！天下人谁没有尝过暴秦的苦头？天下的豪杰都讨伐秦，我怎么会去助秦？"

郦食其不紧不慢地说："足下如果真心讨伐暴秦，为什么见到年长的人这样无礼？您对待贤人这样傲慢，谁还为您献计献策呢？没有贤才相帮，仅凭个人的力量，是推不倒暴秦的。"

刘邦听了这番话，知道自己失礼了，急忙擦脚穿鞋，整好衣冠，向郦食其道歉，请他坐在上座，并恭恭敬敬地说："先生有何良策，请多多指教。"

郦食其见刘邦改变了态度，又虚心求教，便对他说："足下的兵马还不到一万人，就打算长驱攻入秦朝的都城，这好比是驱赶着羊群扑向老虎，只能白白送命。依我看，不如先去攻打陈留。陈留是个战略要地，城中积存的粮食很多，作为军粮足够用，而且陈留交通四通八达。"

郦食其向刘邦献出了这条妙计，刘邦非常高兴，请郦食其先行到陈留，然后选派一员大将领一部分精兵紧随其后。郦食其来到陈留，见到县令，劝他投降，县令不肯。郦食其就在酒宴上灌醉了县令，然后偷出县衙令箭，假传县令的命令，骗开城门，让刘邦的军队进城，攻取了陈留。

第二天，刘邦的大队人马进入陈留。由于郦食其事先早已为刘邦写好了安民告示，因此刘邦一进城就受到百姓的欢迎。刘邦看到陈留果然贮有大量的粮食，十分佩服郦食其的神机妙算，于是封他为广野君。

刘邦在陈留招兵买马，军队扩大了将近一倍，抢在项羽之前攻入了关中，最后统一了天下，建立了汉朝。

韩信尊老

> 父兮生我，母兮鞠我，抚我畜我，长我育我，顾我复我，出入腹我。
>
> ——《诗经》

韩信是汉高祖手下的一名大将，西汉初军事家。他出身于江苏淮阴一个穷苦的家庭，5岁时父亲去世，靠母亲给人洗衣缝补度日。17岁时，母亲因病去世，韩信无家可归，便到熟人家混饭吃。日子一长，熟人就给他白眼看，他只得到处流浪。他没有手艺，又没有本钱做买卖。怎么办？后来他想出一个办法——到河边去钓鱼，以卖鱼谋生。

头几天，他还能每天钓上几条鱼，卖几个钱填饱肚子。后来河里鱼越来越少，他钓不到鱼，只好饿肚子。

一天，他从清早到响午一条鱼都没钓上，肚子咕噜直叫。在河边洗衣的一位大娘见他饿了，便拿出一块饭团分给他吃。后来几十天，大娘总是分给韩信一点饭团，韩信感到十分不好意思，对大娘说："我天天吃您的饭，您真是我的重生母亲，将来我一定要好好报答您老人家！"

大娘笑了笑对韩信说："我是看你可怜，才帮助你，谁要你来报答什么呢！"

韩信听了，簌簌地流下了眼泪，向大娘磕了头，就离去了。

从此，韩信再也不钓鱼了，他到铁铺去打工。后来，陈胜、吴广起义反秦，韩信投奔项梁，因多次献计不被项羽采纳而又投奔到刘邦军营里去当兵。一次，他结识了刘邦手下的谋臣萧何，两人常一起谈论争天下之道和用兵之法。萧何认为韩信很有才能，便向刘邦推荐他当了大将军。此后，他为汉王刘邦屡立战功，刘邦打败项羽后封韩信为楚王。

韩信想到自己有今日的荣华富贵全靠过去那位大娘的哺饭之恩，就寻找到当年那位大娘。此时，大娘已是满头白发，两眼昏花。韩信见了她连忙说："大娘，您还认得钓鱼的韩信吗？"

大娘先是一惊，后来才想起来，说道："你就是韩信啊！"

"大娘，您是一位好心肠的老人，是我重生之母，我说过要报答您。"说完，韩信叫手下取出千金，恭恭敬敬地送给了老大娘。

唐太宗教子尊老

儿可以无过矣。
——李世民

唐太宗李世民（599—649年），唐朝第二位皇帝，政治家、军事家、书法家、诗人。617年，李世民随父亲李渊于晋阳（今山西太原西南）起兵。次年，李渊称帝，李世民被封秦王，任尚书令，先后镇压窦建德等起义军，消灭王世充等割据势力。即位为帝后，他积极听取群臣的意见，努力学习文治天下，成为中国历史上最出名的政治家与明君之一。唐太宗虚心纳谏，在国内厉行节约，轻徭薄赋，使百姓休养生息，国家出现了国泰民安的局面，开创了"贞观之治"，为后来全盛的"开元盛世"奠定了重要的基础。

唐太宗李世民懂得国家要兴盛和长治久安，做好子女教育非常重要。因此，他给几个儿子选择的老师都是德高望重、学问渊博的人，而且一再告诫子女一定要尊重老师。

一次，太子的老师李纲因患足疾，行动不便。怎么办呢？在封建社会里，皇宫除了皇帝和他的后妃、子女可以坐轿外，其他官员不要说坐轿，就是出入也是有严格规定的。唐太宗知道李纲的足疾后，竟特许李纲坐轿进宫讲学，并诏令皇太子亲迎老师。

后来，唐太宗又叫礼部尚书王珪当四皇子李泰的老师。李泰见到王珪从不以亲王身份自居，不仅见师以礼，还主动向王珪请教忠孝之道。见儿子如此崇师问道，唐太宗非常高兴，说："儿可以无过矣。"（我儿以后可以不犯错了。）王珪去世后，唐太宗特下诏李泰率百官亲往临哭。

由于唐太宗家教很严，他的几个儿子对老师都很尊敬，从不失礼。唐太宗教子尊师也被后人传为佳话。

雍正帝扣银罚轻师

> 从学使正俸以外的补贴中扣500两银给其师，以顺言正名。
>
> ——雍正帝

雍正帝即清世宗，名爱新觉罗·胤禛（1678—1735年），清军入关后的第三位皇帝，雍正是他的年号。

相传雍正年间，有一个驻京学使（清代文化教育行政官）很喜欢在同僚中吹嘘自己为人正直、为官清廉。有一天，一位早年教过学使的先生来求见该学使。学使看了看老师那衣衫褴褛的样子，就猜出了老师此来的目的。于是，他说道："恩师光临寒舍，学生三生有幸，学生有失远迎，万望恕罪。不知先生身体可佳？精神可好？专程前来，有何见教？"客气寒暄了一阵后，学使才给先生让座。

先生看了看满屋生辉的装饰和学使不冷不热的样子，哪里还坐！于是他便开门见山地说："身体精神均佳，只是生活拮据……"

学使不等先生说完就说："多年来，学生牢记先生'为官要清廉'之教诲，不敢苟私。然清廉就要清贫哪！故手无银两，家无余资……"

不等学使说完，先生道："为师不难为你，告辞了！"

学使十分得意，照例在同僚中宣扬了一通，以示自己廉洁，心想此事若传到皇帝耳中，定会龙恩大降。

后来，此事果然传到了雍正皇帝那里。可是雍正帝不但没有"龙恩大降"，反而大为恼火，说："国将兴，必尊师而重傅。古有'一日为师，终身为父'之说；又有'一日三柱香，供奉天、地、君、亲、师'之礼。学使弃先人之说，违先人之礼，实属不道！"于是传旨："从学使正俸以外的补贴中扣500两银给其师，以顺言正名！"

从此，"雍正帝扣银罚轻师"的故事便传扬于世。

郑板桥对联尊老

> 衙斋卧听萧萧竹，疑是民间疾苦声。些小吾曹州县吏，一枝一叶总关情。
>
> ——郑板桥

郑燮（1693—1766年），字克柔，号板桥，故也称郑板桥。郑板桥是清代著名书画家、文学家。他是江苏兴化人，应科举为康熙秀才，雍正十年（1732年）乡试中举人，乾隆元年（1736年）中进士。官至山东范县、潍县知县，有政声"以岁饥为民请赈，忤大吏，遂乞病归"（因闹饥荒为民请命要求赈灾而忤逆了上司，于是以生病为由请求归乡）。做官前后，他均居住在扬州，以书画营生。他工诗、词，善书、画，诗词不屑作熟语，画擅花卉木石，尤擅长

画兰和竹：兰叶之妙以焦墨挥毫，藉草书中之中竖，长撇运之，多不乱，少不疏，脱尽时习，秀劲绝伦。郑板桥为人疏放不羁，退居扬州后声誉大著，为"扬州八怪"之一。

郑板桥情系百姓，与民同忧。他常常身着便服，脚穿草鞋到乡下察访。他的上司、山东巡抚向他索要书画。他画了拿手的竹子，并在上面题诗："衙斋卧听萧萧竹，疑是民间疾苦声。些小吾曹州县吏，一枝一叶总关情。"充分反映了郑板桥勤政爱民之心。

后来，郑板桥调任潍县知县，遇到潍县发生严重煌灾水灾，一些老弱妇孺饿死。郑板桥便下令潍县大户、富户轮流在要道处施粥，以供妇孺老弱充饥。他自己也节衣缩食，为饥民捐俸。郑板桥勇于担当、敢为民请命、尊老爱幼的精神值得我们学习。

梅兰芳敬老

> 如今沦落长安市，幸有梅郎识姓名。
> ——齐白石

梅兰芳（1894—1961年），原籍江苏泰州，生于北京，著名的京剧表演艺术家。在半个多世纪的艺术生涯中，他不断探索革新，在艺术上精益求精，虚心好学，形成自己独特的艺术风格，也称"梅派"，对我国京剧事业的发展作出了突出的贡献。

梅兰芳不仅在我国戏剧艺术发展史上占有光辉的一页，他甘拜他人为师、拜名人为师，活到老学到老、尊老敬业的美德故事，也被广为传颂。

1931年春，南北京剧界名家齐集上海演出。演出的剧场在浦东的高桥，乘船过江后还有近10千米的路程。由于路远难走，雇车很不方便。这天，梅兰芳好不容易找到一辆车，刚坐上去，正要上路，突然见到年近六旬的龚云甫老先生步履蹒跚地走过来。梅兰芳立即下车打招呼，当得知龚老先生没有雇到车时，便执意让龚老先生上车先走。龚老先生推辞说："你今天的戏很重，不坐车，到台上怎么顶得住？"梅兰芳谦恭地说："我还年轻，顶得住，您老别为我担心。"说着就搀扶龚老上了车。之后，他自己冒雨步行赶到了剧场。梅兰芳当时已是名震海内外的"四大名旦"之一，论资历和声望，在梨园界都无人匹敌，但他从不摆架子，而是处处考虑别人。

张大千是泼墨挥毫、丹青写意的国画大师，梅兰芳是扮相俊美、唱念俱佳的京剧名伶。两人慕名而知，互相敬重。一次，两人都受邀参加酒会。一些人以为两位大师相遇，必然会有一番排座位、争名次的矛盾。岂料梅兰芳一见到张大千，便恭敬地拱手致意，尊以大师。而张大千更是幽默，故作下跪之姿，慌得梅兰芳赶忙双手相扶，问他何以如此。张大千道："古人说：'君子动口不动手。'您以唱念为业，是'动口'的，'君子'当之无愧。我以作画为生，是'动手'的，自然属于'小人'。今'小人'见'君子'，岂有不跪之理。"说罢，两人开怀大笑，满座宾客也为之捧腹。

一次，梅兰芳演出京剧《杀惜》，剧场内，戏迷们喝彩声不绝于耳。

"不好！不好！"突然，从剧场里传来一位老人的喊声。人们一看，是一位衣着朴素的老者，已有六旬年纪，正不住地摇着头。

梅兰芳看到这一情景，心里感到蹊跷。戏一下场，他来不及卸装、更衣，就用专车把那位老先生接到家中，待如上宾。他恭恭敬敬地对老人说道："说我孬者,是吾师也。先生言我不好,必有高见,定请赐教,学生决心亡羊补牢。"

老先生严肃而认真地指出："惜姣上楼和下楼之台步,按梨园规定,应是上七下八,博士为何上八下八,请问这是哪位名师所传?"

梅兰芳一听,恍然大悟,深感是自己的疏漏,便拜了又拜,连声称谢不止。

后来,梅兰芳只要在当地演戏,都要请这位老者观看,并常请他指教。

梅兰芳不仅在京剧艺术上有很深的造诣,而且在琴棋书画上也是妙手。他曾虚心求教齐白石,总是执弟子之礼,经常为齐白石磨墨铺纸,齐白石对这个"学生"也十分敬爱。

有一次,齐白石到朋友家作客。客厅内宾朋云集,皆是社会上之名流。齐白石较之这些人自不引人注目。正在这时,梅兰芳来了。主人上前恭迎梅兰芳,人们也蜂拥而上,一一同他握手。可是,梅兰芳已知老师齐白石也来赴宴,他四下环顾,寻找老师,亲切地问:"难道齐白石先生没来?"当他看到被冷落一旁的齐白石时,立即让开别人伸过来的手,挤出人群,走向齐白石,恭恭敬敬地叫了一声"老师",和他寒暄问安。

在座的人见状,都很惊讶,齐白石也深受感动。隔了几天,他特向梅兰芳馈赠《雪中送炭》一画,并题诗道:

记得前朝享太平,
布衣尊贵动公卿。
如今沦落长安市,
幸有梅郎识姓名。

第二章 孝敬老人

曾参敬老故事

> 孝有三：大孝尊亲，其次弗辱，其下能养。
>
> ——曾子

曾参（前505—前436年），字子舆，又称曾子，春秋末年鲁国南武城（今山东费县西南）人。曾参出身贫寒，一生经历坎坷，但终生讲求修身养性，主张"日三省吾身"。

曾子以孝出名，他不仅行为上恪守孝道，而且还有一套理论主张。他把孝分为三种：大孝尊亲，其次弗辱，其下能养。

曾子在孔子门下受业学习多年，已学有所成。那时，他家贫，为了养活父母，他在离家很近的莒国出仕做小吏。虽然俸禄只有几斗米，但是他仍然十分欢喜，因为能用自己所得供养双亲。后来，他成了大名士，双亲也老了，他就不再外出谋官。当时，齐国欲聘他为卿，被他拒绝了。

父母亡故之后，曾子游历到楚国，做了大官，出门百乘相随，大队仪仗呼拥，高官厚禄十分显赫。可曾子并不高兴。他常常面北哭泣，因为在他看来，官再高，禄再丰，父母已经亡故，无法再奉养双亲了。

曾子十分孝顺。一天，曾子到父亲的瓜地里去锄草，却一不小心把瓜苗锄掉了好几棵。曾子好心疼，自责自己的粗心。

这时，正赶上他父亲也来薅草，他看见曾子把瓜苗锄掉好几棵，气不打一处来，便找来一根木棍子，照着曾子打下去。本来，曾子稍一侧身，棍子就不会落在自己头上的。但曾子想，自己错了，父亲打几下便能消气，于是就没有躲闪，仍立在原地。因用力过猛，曾子被打倒在地，不省人事了。这下子可吓坏了父亲，后悔自己出手太重。父亲连呼带叫，揉了半天，曾子才苏醒过来。

为了不使父亲为自己担忧，曾子赶紧爬起，好像没挨过打似的向父亲赔不是，并拿过琴来弹给父亲听，让父亲消气。

孔子听说后教育曾子说："当父亲用小棍子教训你的时候，你要接受教训；当他拿着大棍子打你的时候，你要赶快逃跑，因为要避开父亲的暴怒。而你却呆呆地站在那里等着，如果你被打死，不就陷父亲于不义了吗？这还叫孝顺吗？"

曾子于是明白，孝顺父母也要灵活变通。

卞庄子采蜜敬老

> 谨庠序之教，申之以孝悌之义，颁白者不负戴于道路矣！
>
> ——孟子

卞庄子出生在春秋时期的鲁国卞邑，他不仅是一位英勇的壮士，而且还是一位德行很高的人。

没有外出做官的时候，卞庄子居住在卞桥东北十几里的蜂王山下。蜂王山上有一窝非常大的蜂群，它们经常成群地袭击到山上的人畜。人们害怕被蜂蜇，都不敢上山打柴、打猎。

一次，卞庄子的母亲得了重病，疾病折磨得老人吃不下饭，睡不着觉。这可急坏了卞庄子，他天天伺候母亲，在病榻前喂水喂药，从不厌烦。他还想尽一切办法为母亲做好吃的。母亲在卞庄子的精心照料下，病好了许多。

一天，卞庄子到母亲床前问安："母亲，今天您想吃点什么？"

"娘的嘴总是觉得苦，想吃点甜的！"母亲有气无力地说。

卞庄子为难了："方圆数里，只有蜂王山蜂巢里的蜜是甜的，怎么办呢？"

"既是这样，我儿就不必发愁了！"母亲躺在床上安慰儿子，"我只不过说说而已，其实不吃也行。"

卞庄子说："娘，您放心，孩儿一定给您割来蜂王山的蜂蜜，让您老人家吃到！"说罢扭头就要走。

"不！孩子，你不能去！"母亲从床上伸出手来制止儿子，"我听说，蜂王山的蜂可毒啦，你要被蜇坏的！"

卞庄子安慰说："母亲放心，孩儿晓得，孩儿一定要弄来蜂蜜！"说完，他就背上筐子，拿起柴刀，不顾一切地向蜂王山冲去，荆条划破了他的手指和衣衫，他全然不顾。进了蜂王山，只见一个硕大的蜂巢附在山石上，群蜂铺天盖地向卞庄子袭来。卞庄子扑通跪倒在山坡上："尊敬的蜂王啊！请可怜可怜我病重的母亲吧！她想吃点蜂蜜！"

群蜂像是听懂了卞庄子的话似的，向四面八方飞散而去。卞庄子连连道谢："谢蜂王赏蜜！"他从腰间拿出柴刀，从巨大的蜂房里割了一块蜜，然后离开了蜂巢。

卞庄子到家的时候，天已经黑了。母亲正惦记着儿子的安危，看他平安回来可开心了。

卞庄子一进门就说："母亲！我去了蜂王山，向蜂王为您讨了蜜，您快吃点吧！"他用汤匙为母亲舀了一勺蜜，送到母亲嘴里。母亲吃在嘴里，甜在心里。蜂蜜滋补了母亲的身体，母亲的病渐渐好了。

卞庄子不顾危险为母亲割蜜的故事在泗水卞桥一带流传下来，他也赢得了人们的尊敬。

缇萦尊老救父

> 孝为天之经也，地之义也，人之行也。
> ——《论语》

缇萦是汉文帝时太仓令淳于意的小女儿。淳于意是个精通医道的名医，治好了不少疑难病症。不管病人有钱没钱，他都细心地诊脉看病，因此，远近患者应接不暇。淳于意专注于医术，便辞去了官职。他生性正直，对封建王侯不趋炎附势。

一天，淳于意要出门办点急事，就在大门外贴了一个告示："这两天有事出门，暂不看病，请谅。"不巧有个地方上的大官得了急病，老远慕名而来，发现淳于意不在家后，便立即派人去找。差人刚走不久，那官人就在淳于意的大门外病死了。这可吓坏了那官人的几个手下人，为了推卸责任，他们竟编了一个故事，回禀说："淳于意看错了脉，耽误了病，不然不会死的。"这可气坏了大官的家属，他们仗着官势，第二天便领着县里的公差登门抓人。

淳于意被公差抓走了。在公堂上，县官不容淳于意申辩，硬说

他行医害人，判处肉刑（当时的肉刑有脸上刺字、割鼻、砍足等）。

因为淳于意当过太仓令，是朝廷命官，判罪需有皇帝的批准，才能最后定罪行刑，于是县官只得把淳于意押解到都城长安去。

淳于意没有儿子，只有五个女儿，缇萦就是他的小女儿。别看她年纪小，但她从小就特别刚烈，又有心计。她想："这不是以势压人、颠倒黑白吗？病人来看病时父亲不在家，有墙上的告示为证，怎么谈得上行医害人呢？我要到京师去说个明白。"她把自己的想法和众姐妹说了一遍。大家都为她捏了一把汗，可想到小缇萦的倔强，谁也没出面阻拦。

父亲被押解进京那天，小缇萦早早地便起床了，找齐了必备的用品，打了个小包，辞别了众姐妹便上路了。

在一个十字路口，缇萦等待着父亲。终于，她看到了父亲。几天不见，父亲苍老多了，又戴着刑具，小缇萦心疼得哭了起来，一下子扑在父亲身上，抽泣着说："我护送您上京去，路上我一定照顾好您！"父亲愣住了，忙说："你还小呢，又是个女儿家，怎能受得了路途的艰苦呢？"小缇萦坚持要去，她毫不犹豫地说："我就是要去替父亲申冤。"说完便径直朝前走去。解差们被小缇萦的孝心和勇气感动，一路上没有为难他们。小缇萦又聪明机警，一路上照顾父亲确实是很周到，父亲少受了不少罪。

到京后，小缇萦就给皇帝写了信。信中说："我父亲为官清廉，行医有术，人们都称赞他廉洁奉公，如今却被判肉刑。人一受肉刑，不死也得残疾，即使想改过自新也没有机会了。我甘愿卖身为奴，替父亲赎罪。请皇上明察。"

汉文帝见缇萦虽年纪不大，对父亲却很有孝心，说的道理也挺深刻，就赦免了淳于意，让他领着小缇萦回家了。

后来，汉文帝也发现了肉刑的坏处，于是就下令废除了肉刑。

司马迁尊老写书

> 有子且勿喜，无子固勿叹。
> ——韩愈

在一间冷森森的囚牢里，一个手脚戴着刑具的犯人蜷缩在刑房的角落里。这个犯人就是司马迁。3年前，他的父亲司马谈去世，司马迁继承父职，在汉武帝手下任太史令。

一天，汉武帝问司马迁对李陵在与匈奴作战中投降一事的看法。司马迁从李陵平时的为人以及当时敌强我弱的形势加以分析，认为李陵是有功之臣，他的投降实属无奈，将来必为朝廷效命。后来，被汉武帝派去迎接李陵的人无功而还，却谎报李陵在为匈奴练兵。汉武帝便杀了李陵全家，还把为李陵说情的司马迁以"欺君罔上"之罪投入监狱，司马迁按律当斩。

这场从天而降的横祸使司马迁悲愤至极。他在牢中凝视着窗外的月光，回想起父亲。

司马迁10岁时，父亲带他来到家乡陕西韩城郊外河边，只见奔腾咆哮的黄河之水向龙门山滚滚冲击。父亲给他讲了一个古代的传说："每年都有千千万万条鲤鱼逆流而上，想穿过龙门山后化为神龙上天。可是那些意志薄弱的鲤鱼都触山而死，只有毫不灰心、坚韧不拔的72条鲤鱼跃过龙门，成为火眼金爪的巨龙，直向天门飞去……"

公元前110年，司马迁出使西南回家时，父亲已病入膏肓。他

跪在病榻旁给父亲端上了一碗汤药，父亲摆摆手，对他说："我死之后，你一定会接替我做太史令。自从孔子死后，至今400多年了，由于诸侯兼并混战，史书丢散、记载中断。我身为太史令，没能写成一部史书，真担心天下的史籍文化从此断绝，你要记住我的话，努力写成一部史书啊！"

司马迁泪流满面，哭泣着说："儿虽不敏，但一定完成父亲未完成的事业，丝毫不敢懈怠。"

狱中的司马迁想到这里，站起身来，两手紧紧攥住窗棂，口中喃喃地说："父亲，我不会忘记您的遗训……我一定要活下来！"

按照汉代的律法，死囚可花大钱赎罪，但司马迁拿不出那么多钱；剩下的办法是接受宫刑。想到这里，他心中一阵寒噤：这种肉体和精神的痛苦简直比慷慨赴死还要难受百倍啊！但是，为了继承父亲的大业，他决心忍受一切痛苦。

后来，司马迁毅然选择以宫刑赎身死。

司马迁被释放后，发奋写作，每天写到深夜。公元前91年，司马迁终于完成了共130篇、近53万字的巨著——《史记》。

班固尊老著书

> 大孝终身慕父母。
>
> ——孟子

班固（32—92年），字孟坚，东汉扶风安陵（今陕西咸阳东北）人，是中国古代著名的史学家、文学家。

班固出生于封建官宦家庭和儒学世家。其父班彪，字叔皮，为人性情沉静稳重，博学多才，善于著述。班固之所以能成为一个著名的历史学家，与班彪的教导和影响是分不开的。

班固在父亲教导与影响下，自幼聪明伶俐，9岁就能写文章，16岁入洛阳太学读书。青年时期的班固博览群书，对于诸子百家各种学术流派的观点细心探讨。班固治学注重了解文章大意，而不在分析字章上下功夫。他为人宽厚、谦虚，从不以自己才学过人而自恃，因而深为时人所敬慕。

班固23岁时，其父因病逝世。当时他正在洛阳太学读书。当听到父亲病逝的消息后，他悲痛至极，匆匆赶回家中为父居丧。在此过程中，他一面缅怀父亲生前对自己的教诲，一面潜心阅读父亲遗作。在通读父亲所写《史记后传》之后，他发现很多地方记叙得还不够详细，于是，他决心继承父亲的遗志，代父亲完成未竟的事业。

于是，班固开始大力搜集材料，改订体例，准备在《史记后传》的基础上编撰《汉书》。可就在他埋头编撰时，有人诬告他私自改作"国史"，他被捕入狱，书稿也一并被抄去。

其弟班超闻讯上书，救了他。当时汉明帝看了他的书稿，赞赏他的史学才能，于是召他到都城洛阳任兰台令史，掌管宫廷藏书，并进行校勘工作。第二年，班固被提升为秘书郎。班固充分利用这个有利条件，典校秘书、编著国史。汉明帝非常高兴，命他继续撰写班彪未写完的《史记后传》。

班固认为《史记》以汉朝"编于百王之末，顾于秦项之列"，不妥，于是决定撰写起自汉高祖终于王莽共230年史事的《汉书》。经过20余年的不懈努力，到汉章帝时，《汉书》才大体写成。

《汉书》是我国第一部纪传体断代史。书中内容丰富充实，保

存了大量原始资料，而且语言精练，言简意赅，结构严谨，对人物的描写尤为细腻、生动。它记录了当时社会的现状，比如书中如实记载了西汉土地兼并之严重，贵族与外戚奢侈纵欲、滥杀无辜等，客观上反映了统治阶级的腐朽与罪恶，对民间疾苦寄予一定的同情，也歌颂了一些英雄、爱国人物。《汉书》不仅是一部有重要史料价值的优秀历史文献，而且也是一部杰出的散文巨著，在文学史上占有重要地位。

蔡文姬为老续书

> 哀哀父母，生我劬劳。
>
> ——《诗经》

蔡邕是东汉末年的名士，他学识渊博，精通经史、音律、天文，又以文章、诗赋、篆刻、书法盛名于世。

蔡邕有个女儿，取名蔡琰，字文姬。她从小聪明伶俐，因受父亲影响，十几岁时就通琴棋诗书。

一次，她听到父亲在书房里弹琴时断弦，就走过去说："父亲，您的琴第二根弦断了吧！"蔡邕以为她偶然猜中，待她离去后故意将第三根弦拨断，又问蔡文姬，她回答得一点不错。从此，蔡邕把她视作掌上明珠，亲自教她诗文、音律，有时父女俩还一起作诗唱和。蔡文姬不仅敬重父亲，而且十分孝顺。父亲写字，她在旁研墨；父亲有病，她煎熬汤药，日夜侍奉在侧。

蔡文姬长大后，嫁给河南卫仲道为妻。不久，丈夫病死，她就回家守寡。

董卓专权时，为笼络人心，蔡邕被迫出来做官，后官至左中郎将。后来董卓被吕布所杀，蔡邕被王允下狱，后死于狱中。蔡邕死后，蔡文姬的母亲因过度悲伤，也去世了。从此，蔡文姬孤身一人回到故乡陈留，一心整理父亲的著作。董卓死后又发生李傕、郭汜的混战，长安一带百姓到处逃难，蔡文姬也跟着难民流亡。后来，她在途中被一支趁火打劫的匈奴兵掳走献给左贤王。左贤王见她貌美多才，十分怜爱，便纳她为妃子。

蔡文姬忍辱含屈在匈奴住了12年，为左贤王生下了一儿一女。她日夜缅怀父亲，思念中原故国，经常对月弹琴，用琴声寄托自己的思念之情。

曹操统一北方后，在邺城当了丞相。他想起10多年前的故友蔡邕，并得知蔡文姬在匈奴的消息，便派使者带着大批金银财宝去赎蔡文姬归汉。

蔡文姬听说曹丞相派人来接她回中原，心中十分矛盾。返回故国是她日日夜夜的梦想，但她又不忍离开两个子女，就央求左贤王让她把孩子带走，即使带回一个也行。左贤王说："曹丞相派使者来要你回去整理你父亲的遗著，单于已经同意了，我只得遵命，但孩子是匈奴人，我绝不能让你带走。"

为了实现父亲的遗愿，蔡文姬忍痛离开心爱的孩子，随着使者走了。

到达父亲的墓地时，蔡文姬长跪在墓前失声痛哭，又弹唱了自编的《胡笳十八拍》。歌词寄托了她缅怀父亲养育之恩的深情，抒发了自己在颠沛流离生活中的哀伤。后来，蔡文姬对使者说："父亲早年得罪了宦官，被流放到朔方；逃出了厄运回到洛阳后，我们父女俩相依为命。我失去了丈夫后又失去了父母，在战乱中流落匈

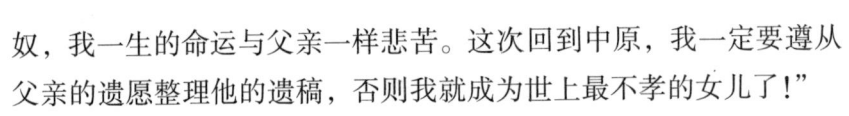

奴，我一生的命运与父亲一样悲苦。这次回到中原，我一定要遵从父亲的遗愿整理他的遗稿，否则我就成为世上最不孝的女儿了！"

蔡文姬到了邺城后，曹操为她与董祀完婚，还送给他们一个院子和两名奴婢。后来，董祀犯罪被判死刑。蔡文姬到曹操处求情。曹操被她感到，放了董祀。曹操问她："听说夫人家有不少古典书籍和文稿，现在还保存着吗？"

蔡文姬叹了口气说："家父生前留下4000多卷书，可惜几经大乱，全都散失了，不过我还能背出400多篇父亲的文章来。"

曹操听说她能背出那么多，高兴地说："夫人真是一代才女！你要把它写出来，这可是一笔珍贵的财富啊！"后来，蔡文姬在家中悬挂起父亲的画像，花了几年时间，把她所能记住的几百篇父亲的文章默写下来，送给了曹操。

李密尊敬祖母

臣无祖母，无以至今日；祖母无臣，无以终余年。母孙二人，更相为命。

——李密

李密，西晋犍为武阳（今四川彭山东北）人。在他刚满6个月的时候，父亲因病早逝。母亲既要抚养李密，又要伺奉婆婆，生活虽苦些，但看着李密一天天长大，也就不觉得苦了。在李密4岁的时候，他的舅父逼迫母亲改嫁。母亲拗不过舅父，只好含泪嫁人了。从此，李密便成了一个孤儿，家里就只剩他与祖母了，抚养他的重担就落到祖母的肩上了。

祖母刘氏年老多病，但她是个有志气、性格刚强的人，看着自己可怜的孙子孤苦伶仃，她难过极了。她鼓励自己要顽强地生活下去，一定要把孙儿抚养成人。

李密因过早地失去了母爱，曾一度体弱多病，9岁时才能自己走路。但他非常聪明，读书能过目不忘。他和祖母相依为命，从小就知道心疼祖母，听祖母的话，从不惹祖母生气，还常常逗祖母开心，用笑声去安慰祖母；自己能干活了就帮祖母多干些家务活，尽量减轻祖母的负担。他勤恳劳动，用心读书，事事都让祖母宽心。

有一次，祖母病了，他细心地侍候祖母，晚上不脱衣裳睡在祖母身旁，给祖母喂药、喂饭、喂水，给祖母洗脸、更衣等，一刻也不离左右。在李密的精心服侍下，祖母的病终于好了，李密别提多么高兴了。祖母逢人就夸自己的孙子孝顺，说自己的心血没有白费。

李密44岁那年，祖母已96岁了。这时，晋武帝启用他为太子洗马，并命令地方官催他上任。李密想到祖母年事已高，自己若离开，祖母便无人照顾。于是他写了一篇《陈情表》给晋武帝，诉说他的处境，陈说自己不能到任就职的原因。他在《陈情表》中写道："臣无祖母，无以至今日；祖母无臣，无以终余年。母孙二人，更相为命，是以区区不能废远。（没有我的祖母，就没有我的今天；祖母如果离开我，就没法安度晚年。我和祖母互相依靠，相依为命才得以活到现在。现在祖母年迈，我必须侍奉她老人家。）"李密孝敬祖母的真心诚意深深地打动了晋武帝，晋武帝不但没怪罪他，还下令郡县发给他赡养祖母的费用。

后来，祖母病故了，李密痛不欲生，直到服丧终了，他才应召出任太子洗马。

乐颐赤足奔丧

> 弟子入则孝，出则悌。
> ——《论语》

乐颐，字文德，南阳涅阳人。他少年的时候，无论是说话或做事都十分谨慎小心，待人接物也特别礼貌诚实。家里人看他这样，个个心里乐滋滋的；邻里们见他如此，人人夸赞他一定是个有出息的好孩子。他读书十分勤奋，诸子百家、儒墨法杂，无不通晓，后来做了京府参军。由于他能力超群，秉性忠厚，在任期间深得上司的赏识，也深得同僚们的拥戴。后来，他父亲在家中病故，乐颐得知噩耗以后，急急忙忙跑到上司那里请假回家奔丧。由于思亲情切，半路上他常常哭得死去活来。他想起父亲对他的养育和教诲，想起自己成长过程中的每一步都深深地包含着父亲的苦心。路上，他嫌车子走得太慢，索性跳下车子，飞一样向家乡的方向跑去。可由于太悲戚，没跑多久，他就累得晕倒了。醒来以后，他才发现鞋子跑丢了，脚也磨破了，血糊糊的。一个商贩看他实在太可怜，问明原因以后，强拉着他坐上了拉货的大牛车。就这样，他一路上忧心如焚，几经周折，总算回到了家里。

乐颐年轻的时候得过一场重病，他被病痛折磨得白天坐不稳，夜晚睡不安。白天，他常常躲在院子的角落里装作干活的样子，为的是不让母亲为他担心。夜里，因为他的卧室跟母亲的居室只有一

墙之隔，为了不让母亲担心，他强忍着剧痛，决不发出一声呻吟；有时他站起来走动，脚步也是轻轻的；有时他咬住被子，握紧拳头，强迫自己躺在床上，所以他盖的被子被他咬碎了一大片。在他患病期间，他也跟平时一样，按时问候母亲的起居饮食，从来没有间断过。

谢蔺尊老不先餐

> 爱亲者，不敢恶于人；敬亲者，不敢慢于人。
> ——《孝经》

谢蔺，字希如，陈郡阳夏（今河南太康）人。相传，在他5岁的时候，有一天，他父亲外出办事，很晚也没回家。他就跑到大门外，坐在石头上张望，天黑得已经伸手不见五指的时候，父亲还是没有回来。家里人平常总是坐在一起吃饭，这时候，谢蔺的母亲叫他："咱们先吃吧，不用再等你父亲了！"他摇了摇小脑袋瓜儿，认真地说："父亲没回来，我怎么能先吃呢，我一定要等父亲回来。"他一直坚持到深夜，等父亲回来了才一起进餐。这件事后来被他的舅舅阮孝绪听说了，舅舅十分高兴地说："这孩子在家里就像曾子一样孝顺，出去做官也一定会像蔺相如一样为国尽力。"于是就为他起了"蔺"的名字，希望他今后能真如蔺相如一样有才干。

后来，他家里请了先生教他读书写字。先生教给他经史典籍之书，他看过一遍就全都记住了。先生考他，没有一回能难住他。

不久，谢蔺的父亲因病去世。谢蔺十分悲痛，常常偷偷地哭，时常粒米不进，身体日渐衰弱。母亲见他这个样子，就劝慰他说："你不能总是这么伤心。你父亲死了，无论大家怎么哭，他也不知道，更不能活过来。要是你听父亲的话，就要好好读书，有了本事长大才能做事，才能养活一家人。"听了母亲的话以后，他果然不再像过去那样常常哭泣了，而是常常夜伴孤灯，手不释卷，学业逐日精进。

由于他很有声望，当时的吏部尚书萧子显非常赏识他的品德和才干，让他做了地方官员。谢蔺尊老的故事也一直被后人传颂。

秦族尊老敬老

> 尊老敬老是中华民族的传统美德，孝敬父母是精神文明的时代风尚。
>
> ——俗语

秦族，是上郡洛川人。秦族的祖父曾为颍州刺史，父亲曾任都城郡守，他们孝顺父母、忠于职守，也都因为恪守孝道而受到治下百姓的尊敬和拥戴。他们还教育自己的子女遵守孝行。在长辈的教诲和影响下，秦族很小就知道孝敬父母了。

父亲在做郡守的时候，秦族才七八岁。他平时由仆人看护、侍候，读书写字有先生陪伴，很少见到父亲、母亲。更何况父亲公事繁忙，偶尔回家也顾不上看看他们兄弟几个。所以，父子之间并不十分亲密。可秦族常在先生面前念叨父亲和母亲，先生为情所动，替秦族转达了他对父母的问候。母亲听了以后十分高兴，常把他叫到身边，嘱咐他要好好读书，将来建功立业。

秦族11岁的时候，父亲不幸病故，秦族同他的几个弟弟哀痛不已，常因想念父亲而痛哭。他们常到父亲的坟上拜祭，发誓一定尽心竭力奉养母亲。过路行人为他们的孝行所动，称赞他们是好孩子。

秦族15岁的时候，母亲也病倒了，因为父亲为官清正，家里积蓄极少。为了养活全家，秦族叫弟弟们上午读书、写字，下午随他一起下地干活。寒暑易节之时，秦族总是最后一个换上衣服，并且是最旧、最破的。吃饭的时候，怕母亲吃不饱，他总是让母亲先吃，然后他们兄弟几个才吃。尽管这样，母亲因身体虚弱，禁不住病痛的煎熬，最终离开了尚未成年的儿子。

为了表达对母亲的追思，秦族保存了母亲的居室。乡里邻人敬服秦族，上书荐举。皇帝下令表彰了秦族的孝行。

贺若弼继承遗志

> 为人子，止于孝；为人父，止于慈。
> ——《大学》

贺若弼（544—607年），隋朝灭陈大将，复姓贺若，名弼，字辅伯，河南洛阳人。

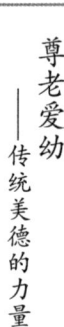

他的父亲贺若敦，是北周时很有名气的将领。当时长江以北，北周与北齐以洛阳为界互相对峙，长江以南则是陈朝。武成二年（560年），贺若敦奉命率兵渡过长江，占领了陈朝所辖的湘州（今长沙）。因为孤军深入，粮饷不继，一年后，他被迫撤回江北。掌握北周大权的宇文护以失地无功为名，罢了贺若敦的官。贺若敦本来有功，不仅没有得到奖赏，反而受到惩罚，又见与自己同辈的人都是大将军了，只有自己不是，于是心里很不服气。因为心里有怨气，贺若敦口出怨言，因此激怒了宇文护。保定五年（565年），宇文护逼令贺若敦自杀。贺若敦临死时，把贺若弼叫到跟前，嘱咐说："我曾下决心平定江南，然而这一愿望没有得到实现，你应当完成我的遗志。我因为爱说而致死，你千万不可忘记这个教训啊。"这时，贺若弼已经22岁了。

贺若弼少年时，胸有大志，为人慷慨，刻苦练武，勇敢不凡，同时又博览群书，在当时贵族子弟中很有名望。后来，他被齐王宇文宪所看中，让他到齐王府做记室，管理王府的文书。不久，他被封为当亭县公，升小内史，成为皇帝亲近的一名官员，参与一些机要大事的处理。

建德六年（577年），北周武帝灭掉了北齐，完成了北方的统一，形成了和陈朝南北对峙的局面。大成元年（579年），周宣帝以大将韦孝宽为元帅，率军伐陈，贺若弼跟随出征。周军先后攻占数十个城镇，陈朝江北之地尽为北周所占有。在这次战斗中，贺若弼立了大功。战争结束后，周宣帝提升贺若弼为寿州刺史，改封襄邑郡公，镇守淮南。

周宣帝死后，大权旁落到丞相、外戚杨坚手中。以尉迟迥为首的大官僚发现了杨坚篡权的野心，便起兵发难。贺若弼因受到怀疑被押解到京师长安给软禁了起来。

杨坚平定反叛后，于581年废掉周宣帝的儿子周静帝，自立为皇帝，改国号为隋。杨坚就是隋文帝。隋文帝为伐陈、统一全国作准备工作。这时宰相高颎向他推荐贺若弼，建议加以重用，说："朝臣之内，论文武才干，没有人能比得上贺若弼。"隋文帝于是任命贺若弼为吴州总管，出镇广陵，肩负伐陈的重任。贺若弼喜出望外，因为广陵、寿州、庐州是隋朝渡江伐陈的根据地，实现父亲的遗志、完成国家的统一、施展自己雄才大略的千载难逢的机会终于到来了。到达广陵后，他抑制不住内心的兴奋之情，写了一首诗赠给寿州总管源雄，诗中写道："交河骠骑幕，合浦伏波营。勿使麒麟上，无我二人名。"意思是说，你我统率水陆大军镇守大江之北，肩负伐陈重任，一定要在伐陈战争中取得功名。这首诗充分反映了贺若弼以伐陈为己任的雄心大志和必胜信心。

贺若弼不忘父志，终于为隋朝的统一立了首功（攻占陈朝首都建康），并因此留名青史。

孙思邈学医敬老

> 对父母养育之恩的报答，也是对人类劳动的尊重。
> ——俗语

孙思邈（581—682年），出生于京兆华原（今陕西耀州）的一个木工家庭。

据说，孙思邈年少时，见父亲患有雀目病（夜盲症）、母亲患

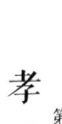

粗脖子病，非常着急。

一天，父亲边做木工活边问孙思邈："你长大了想干什么？"他毫不犹豫地回答说："我长大了要当个医生，把您的雀目病治好，把母亲的粗脖子病也治好。"父亲听了孙思邈一片孝敬父母之言，十分感动，沉思片刻说："好孩子，你要当医生就不能像我这样，斗大的字不认识一个。咱家虽说很穷，但我就是累弯了腰，也要供你念书。明天你就上学去！"于是，小思邈就在村西一孔土窑洞里开始了他的读书生涯。

12岁时，父亲带他到药农张七伯家做药柜。孙思邈见张家院内到处是草药，心想："这下父母的病可有治了！"于是他拜张七伯为师。过了一段时间，孙思邈发现，张七伯并不懂医理，只是懂得一些药性，会用几个土方子。张七伯发现孙思邈是个极聪明的孩子，自己不能耽误他的前程，就诚恳地对孙思邈说："从这往北走40里是铜官县，我舅舅是那里有名的医生，这帙《黄帝内经》就是他送给我的，我读不懂，你拿回去好好读读。等长大些，去找我舅舅学医吧。"

后来，孙思邈终于来到铜官县，找到那位名医，可这位医生不会治雀目病和粗脖子病。尽管如此，孙思邈还是不死心，硬是拜师学习了一年。一年以后，孙思邈回乡行医，同时继续寻找治双亲的病的方法。

一天，他给一个远道而来的病人治好了痼疾。病人感激地说："孙先生年纪不大，可医术超群，真是复生的扁鹊，再世的华佗啊！"孙思邈听了忙说："哪里，哪里！我连父亲的雀目病、母亲的粗脖子病都治不好，哪敢与古代名手相比！"病人见他将双亲的病挂在心上，很受感动，想了想说："我家住在秦岭那边，那儿粗脖子病人很多，我表妹就患了这种病，被秦岭之巅——太白山上的一位先生治好了。"孙思邈听了，欣喜若狂，忙问："这位先生叫什么名字?"病人说:"叫陈元,是江南人。"

孙思邈一心想治好双亲的病,第二天就动身赶往太白山,一路备尝艰辛。但是,孙思邈却以惊人的毅力战胜了途中重重困难,终于来到了美丽的太白山脚下,几经周折后找到了陈元并拜他为师。在陈元这里,孙思邈学会了治粗脖病的方法。孙思邈一边学习医术,又一边有意探求治雀目病的方法。

一天,陈元边采药边说:"我父亲说,不知啥原因,雀目病待人不公平,专欺侮穷人,富人就不患这种病。"孙思邈听了,心里一动:"看来穷人一定是缺少某种东西才患这种病的。如果让穷人也吃上富人吃的东西,说不定能治好雀目病。"于是他就叫一位病人接连吃了几斤猪肉,可仍不见好。他又翻药书,见有"肝开窍于目"一条,他想:"如果给雀目病人吃肝,一定会奏效的。"于是他就给一位患者买了几斤牛羊肝吃。几天后,病人大有好转,又吃了一些,病人全愈了!

孙思邈由此受到启发,进一步探寻粗脖子病的病因。几经调查研究,他发现这种病同长期喝一种水有关,如何治疗,还须进一步研究。

有一次,一位猎人射死一只鹿,请孙思邈去吃鹿肉。他吃着吃着想起来:"吃心补心,吃肝补肝。那么吃鹿靥能不能治粗脖子病呢?"后经实验,果然有效,而且羊靥也行。

孙思邈学医,不仅找到了治疗双亲的病的有效方法,而且丰富了医学知识。

朱丹溪学医

> 子孝父心宽。
>
> ——俗语

朱丹溪，1281年生于浙江义乌。他幼年丧父，与母亲相依为命。少年时代的朱丹溪，深知母亲的难处，也非常体谅母亲。母亲无力供他上学读书，他就自学。白天，他帮助母亲干活，晚上挑灯读书。家中没钱买书，他就去村上一户藏书多的人家去借。就这样日积月累，他学习了很多知识。到了青年时期，他就已才华出众，成为当地一位学问渊博的人。

邻里见他学问过人，劝他考科举。但朱丹溪对此劝说从未动心，因为他一心研习儒学。可是，朱丹溪后来却改学医学了，这是为什么呢？

朱丹溪30多岁的时候，与他相依为命的老母亲患上严重的胃疼病。朱丹溪甭提有多着急了，他到处寻医问药，请了很多医生给母亲治病，可母亲的病始终不见好转。

朱丹溪见母亲病痛的样子，心里十分难过，于是他暗下决心改学医学，亲自为母亲治病。从此，他日以继夜地钻研《内经》《难经》等医书，并努力研究"望、闻、问、切"的诊病方法，尤其是研究治疗胃病的常用药物。他不畏劳苦，亲自上山采药，亲自熬药。为安全起见，药熬好后，他先亲自尝试，体味药性，然后才给母亲喝。

功夫不负有心人。经过整整5年时间，朱丹溪竟奇迹般地把母亲的病治好了。乡里人都夸他是个大孝子，母亲也为有这样孝顺的儿子而感到宽慰。

"老吾老，以及人之老。"朱丹溪见母亲的病治好了，决定要给更多的人解除病痛。于是，他一面继续自学医学，一面寻访名师。一天，他终于打听到一位叫罗知悌的医生医术很高明，就亲自登门拜师请教。但罗知悌拒不收徒。朱丹溪经过3月的努力，才被他收在门下。

这样，朱丹溪在名师罗知悌的精心指导下，没过几年，就成为一位远近闻名的医生。

戚继光敬老立志

> 封侯非我意，但愿海波平。
>
> ——戚继光

明代抗击倭寇入侵的民族英雄戚继光出身于世代将门之家。父亲戚景通是一位久经沙场、屡立军功的老将，56岁时才得一子，取名继光。老将军晚年得子，对戚继光十分疼爱，但教子极严。

据说戚继光12岁时，有一天练武回到家中，见工匠们正在修

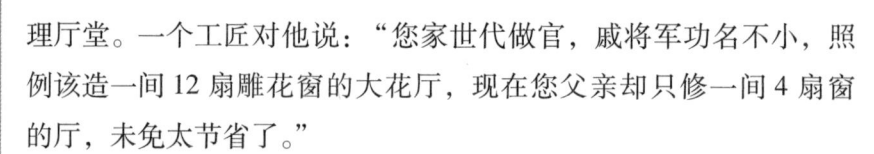

理厅堂。一个工匠对他说："您家世代做官，戚将军功名不小，照例该造一间12扇雕花窗的大花厅，现在您父亲却只修一间4扇窗的厅，未免太节省了。"

戚继光听后对父亲说："工匠说父亲官职不小，为什么不修造一间雕花窗的大厅呢？"

父亲摇了摇头说："你小小年纪就贪慕虚荣，将来我这份产业到你手里怕保不住呢！你想想，工匠的话对不对？"

戚继光从小聪明，一下就明白了父亲话里的意思，回答说："孩儿听从父亲教诲，实在不该听工匠的话。"

后来，家中给戚继光订亲。女方家中送来一双非常昂贵的绣鞋，戚继光见了这双鞋，翻来覆去看不够。母亲说："看你这般喜爱，就拿去穿吧！"他穿上绣鞋走到父亲书房，高兴地问："父亲，您看这双鞋漂亮吗？"父亲一见戚继光这般便皱起眉头，严肃地说："我上次为修大厅的事就对你说过，不要贪图享乐，你现在又犯了！一双绣鞋虽小，但如果你爱慕虚荣享受之心不改，将来当了将军难免爱财贪污呀！"

戚继光听了，红着脸，把绣鞋脱掉说："孩儿知错，这双鞋我绝不再穿。"

几年后，戚继光成为一名文武双全的青年军官。这时戚景通正埋头著一部兵书，有人劝他晚年要多置办些田产好留给后代，他听了，对戚继光说："你知道父亲为什么给你取名继光吗？"

戚继光听后回答说："要孩儿继承戚家军名，光耀门第。"

"我一生没有留给你多少产业，你不会感到遗憾吧？"

戚继光指着厅堂上父亲写的一副对联"授产何若授业，片长薄技免饥寒；遗金不如遗经，处世做人真学问"并读了一遍后说："父亲从小教我读书习武，还教我怎样做一个品德高尚的人，这是给孩儿最宝贵的产业，孩儿从未想到贪图安逸和富贵。"

戚景通听了心中十分宽慰，笑着对儿子说："我这部兵书已经完成了，现在我要传给你。这是我一生的心血，将来你用它报效国家吧！"

戚继光跪在地上，双手接过这部《戚氏兵法》说："孩儿一定研读这部兵法，不管将来遇到什么艰难险阻，我也不会丢弃父亲的一生心血。"

戚景通在72岁时患重病去世，戚继光接到噩耗从驻防地赶回家中奔丧。他在父亲坟上哭着说："继光一定继承您的遗志，为国尽忠，赴汤蹈火，在所不辞！"

1555年，朝廷命戚继光为浙江都司，负责抗倭。他组织"戚家军"在台州九战九捷，先后歼灭倭寇1万多人，威震中外。他曾对人说："我之能抗倭取胜，全靠我父亲在世的谆谆教诲啊！"

方观承千里探亲

> 祖父和父亲天天在北国受苦，我们一天也等不下去了！
>
> ——方观承

在清朝乾隆年间，安徽桐城出了一位叫方观承的名士。方观承做过直隶总督等官职，他为官清正，替百姓作好事，为治理黄河作出了很大贡献。

方观承小时候住在南京，他的祖父方登峰当过朝廷里的工部都水司主事，父亲方式济也考取过进士，当过内阁中书。

有一年，祖父的朋友戴名世写了一本叫《南山集》的书，被朝廷看成是有反叛思想的禁书，把方观承的祖父和父亲也牵连进去了。

后来，方观承的祖父和父亲被流放到了黑龙江。

这时，方观承和他的哥哥年龄很小，被免于流放，但罪犯家庭的子弟没人收留，一时间门庭冷落，亲友们都装作不认识他们哥俩，与他们断绝了来往。

幸好，父亲和祖父做官时，和清凉山寺里的和尚是好朋友。和尚见兄弟俩可怜，就收留了他们。兄弟俩生活苦极了。

虽然方观承哥俩过着苦日子，但他们仍然惦记着流放北国的祖父和父亲。

一天，方观承与哥哥找到老和尚，说："长老，我们想到北国去看望祖父和父亲，二老在那里受苦，我们放心不下！"

老和尚十分感动，但看到他们还小，就劝阻说："路途遥远，我又无力给你们凑那么多路费，怎么去呢？"

方观承说："我们都有两条腿，可以走着去！"

"那可远得很哪！"老和尚说，"还是等你们大点了再去吧！"

方观承说："祖父和父亲天天在北国受苦，我们一天也等不下去了！"

寺里的长老无法，只好给兄弟俩凑了一点钱作为路费。兄弟俩辞别老和尚，离开了清凉山上路了。

途中，尽管方观承和哥哥省吃俭用，还是很快就把那点钱用光了。但是哥俩并未因此怯步，而是艰难北行。饿了，他们就去敲沿途人家的大门要口饭吃。本来，他俩是官宦人家的子弟，跟人家要饭吃总是难以开口的。但是，他们肚子饿极了，只好壮着胆子对人家讲了实情。若碰到好人家，见他们可怜，又是去北方探亲，被他们这种孝顺长辈的精神所感动，就送给他们一些吃的。有时，碰到凶狠的人家，不但不给吃的，还放恶狗咬人。兄弟俩只好互相保护着逃到村外。饿得两眼昏花时，俩人只好在庄稼地里随便挖点东西充饥。

千里征程，哥俩走得脚上磨出了血泡，血泡又变成了老茧。经过艰难跋涉，俩人终于来到了北国军营，找到了在这里服役的祖父和父亲。亲人们相见，抱头痛哭。祖父和父亲万万没有想到两个孩子会来看望他们，内心得到极大的安慰。

方观承和哥哥千里探亲的故事后来被传为佳话。

谭嗣同临危救老

> 孝子之至，莫大乎尊亲；尊亲之至，莫大乎以天下养。
>
> ——孟子

甲午中日战争后，谭嗣同创办《湘报》，成立学社，联合仁人志士积极宣传变法，探讨爱国真理，寻找救亡之法。他的才华被光绪皇帝赏识，不久被授予四品衔军机章京，与康有为、梁启超等人一起，成为光绪推行新政的心腹参谋。但新法开始后不久，就遭到以慈禧太后为首的顽固派的激烈反对。

1898年9月21日，慈禧太后发动政变，光绪帝被囚，百日维新宣告失败，清政府开始大肆搜捕维新志士，谭嗣同自然在劫难逃。当时，有人赶到谭嗣同住处对他说："留得青山在，不怕没柴烧，快跟我们一起到日本去暂避一时吧！"

"不！"谭嗣同斩钉截铁地说，"各国变法无不从流血而成，今日中国未闻有因变法而流血者，此国之所以不昌也。有之，请自嗣同始！"他对劝他离开的人说："你们快走吧，多多保重，将来变法要靠你们了！"

此时，北京城内乌云密布，眼看一场风暴将至。谭嗣同早已将个人的安危置之度外，但他担心自己被捕后将连累70多岁的父亲。为此，他心如刀割。

忽然，他转身走到书桌前取出信笺秉笔直书：

复生：

　你大逆不道，屡违父训，妄言维新，狂行变法，有悖国法家规，故而断绝父子情缘。倘若予以不信，愿此信作为凭证，尔后逆子伏法量刑，皆与吾无关。

谭继洵白

谭嗣同在模拟父亲的笔迹伪造了这封家书后，长长地吐了一口气。他将信笺折好放进抽屉后，走到窗前，对着窗外自语："父亲，孩儿有难，决不牵累您老人家，母亲生前重托，我也决不会忘记！"

原来，谭嗣同12岁那年，他的母亲和姐兄3人均病殁于一场瘟疫。母亲临死前对他说："你父亲脾气倔强，我死后你要好生照顾他。"母亲死后不久，谭嗣同也感染瘟疫，一连三日发高烧，父亲到处求医给他治病，日夜在旁守护，终于使他逃脱了死神……

第二天，一队清兵冲进浏阳会馆来抓谭嗣同，还四处搜寻他的

"罪证"。这时,谭嗣同看到书桌里的那封伪造父亲笔迹的信被清兵搜了出来,他想这下父亲有救了。

1896年9月28日下午,谭嗣同在北京宣武门外菜市口大街刑场上发出震撼天地的疾呼:"有心杀贼,无力回天,死得其所,快哉快哉!"之后,谭嗣同英勇就义。谭嗣同的父亲因有"家书",故免于被治罪。

冯玉祥敬老故事

> 慈母手中线,游子身上衣。
>
> ——孟郊

爱国将领冯玉祥出身贫寒,父亲是军队里一名下级军官,母亲早逝。他从小只读了几个月的私塾。10多岁时,他父亲营里有了一个缺额,父亲的朋友为了照顾他家,就叫冯玉祥去顶替。从此,冯玉祥当上了兵。

有一次,父亲骑马去营上报到,因结冰路滑,从马背上重重地跌下来,右腿划了一道一寸多深的伤口,感染化脓,不能走动。当他养好伤去兵营销假时,才知道自己已被兵营裁掉了。父亲失业,生活的重担都压在冯玉祥肩上。

在部队训练是很辛苦的事。相传每日清晨,冯玉祥离家外出打靶时,父亲总是把他喊住:"玉祥,给你6个钱买个烧饼揣在怀里,饿时吃了。"

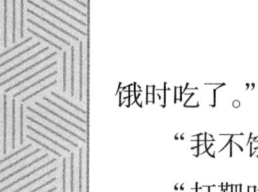

"我不饿，不要钱。"冯玉祥总是推辞着。

"打靶时间长，来回要走二三十里地，怎么不饿？你正长身体，快拿着！"父亲十分坚持。

冯玉祥望着父亲干瘪的脸，接过了钱。

他走在路上，想着父亲病后尽吃杂粮、白菜，这点钱是父亲从牙缝里省出来的！冯玉祥想了又想，怎么也不忍心把钱花掉，决计把它留下。

一天傍晚，父亲从外面回来，一跨进家门，就闻到一股肉香。他看到桌上一碗炖肉，不禁问道："从哪里弄来的炖肉？"

"您老人家只管吃好了！"冯玉祥站在桌旁，低着头轻轻地回答。

"从哪里弄来的炖肉？"父亲看到冯玉祥吞吞吐吐，觉得非问个清楚不可。

冯玉祥只好讲清了原委："每次打靶，营里规定每人领50条火药，打满10响就达到标准，余下的火药条可以卖钱，我每次都有积余，一个月也积了几十个，便拿去换了钱。加上您每次给我的，凑起来就够买肉了。"冯玉祥看了父亲一眼，继续说："知道您喜欢吃炖肉，今天我特地上铺子秤了2斤肉，想让您高兴高兴，也给您补补身子。"

父亲听着，顿时泪水不住地往下流。

此时此刻的情景，永远地留在了冯玉祥的记忆里。20年后，他想起此事，欣然拾笔，写下一首打油诗：

> 肥肉二斤买回家，亲自炖熟奉吾父。
> 家贫得肉良非易，老父食之儿蹈舞。

鲁迅敬老

> 感恩即是灵魂上的健康。
>
> ——尼采

鲁迅的母亲是一位饱受痛苦的女性。31岁时,她的爱女端姑病死,这让她十分难过伤心;37岁时,她的丈夫又一病不起;到她39岁时,丈夫亡故。从此,她陷入悲伤与困苦之中。社会的黑暗,家境的败落,使鲁迅饱尝了世态的炎凉。同时,长子长孙的地位,又使鲁迅从少年起就开始分担母亲的重担。鲁迅曾对人说:"阿娘是苦过来的!"因此,他一生对母亲都极为恭顺、孝敬。

在鲁迅20多岁时,母亲做主给他定了亲,并于1906年夏天把他从日本召回来,逼他结婚。鲁迅对这桩包办婚姻虽极为不满,但又不愿刺痛母亲屡遭创伤的心,于是只好屈从母亲。鲁迅曾说:"当时正处在革命时代,以为自己死无定期,母亲愿意有个人陪伴,也就随她去了。"

鲁迅工作以后,首先在生活上给母亲以关心和照顾,尽量使母亲过得舒适、安乐一些。在北京与母亲同住期间,虽然工作忙,但为了不让母亲感到寂寞,每天晚饭后他都要到母亲房间与她聊天。平时,鲁迅在出门之前,总要先到母亲屋里转一转,说声:"阿娘,我出去哉!"回来后,也一定跟母亲说声:"阿娘,我回来哉!"他还时常带回些母亲喜欢吃的小食品。

鲁迅不但注意让母亲饮食可口，而且也尽量让母亲住得舒服。经济上并不宽裕的他，向别人借钱在西三条胡同买了一所住宅。后来，他对许广平说："西三条的房子是买来安慰母亲的，她一向是住惯了自己的房子，如果忽然租房子住，她会很不舒服的。"

母亲有时身体不适，鲁迅总是亲自陪着到医院诊治，亲自挂号、取药。后来，他因工作需要离京南下，每月按时给母亲百元生活费，从不短缺。

除物质生活外，鲁迅在精神生活上对母亲也是体贴入微，关心备至的。《西厢记》《镜花缘》等优秀绣像小说，多半是根据母亲的爱好买来的，用以满足老人对文化生活的需要。

鲁迅的好朋友许寿裳曾说："鲁迅的伟大，不但在其创作上可以见到，就是对待其母亲起居饮食、琐屑言行之中，也可以见到他伟大的典范。"

茅以升尊老设立奖学金

> 我们大力弘扬母亲孜孜以求、诲人不倦的精神，就是对母亲70寿辰的最好的祝贺。
>
> ——茅以升

茅以升（1896—1989年），字唐臣，江苏镇江人，中国桥梁学家、土木工程学家、工程教育家、社会活动家。先世经商，祖父茅谦为举人，思想进步，倾向革命，曾创办《南洋官报》，是镇江市的名士。茅以升出生不久，全家迁居南京。1933年，他领导设计、修建杭州钱塘江大桥，这是我国第一座由中国人自己设计建造的铁路公路两用桥，这让国外同行对中国的桥梁建筑工程师刮目相看。20世纪50年代，在武汉长江大桥建设过程中，茅以升担任由中外专家组成的技术顾问委员会的主任，解决了武汉长江大桥建设中的众多难题。1979年，茅以升应邀访问卡利基—梅隆大学母校时，校长授予他"卓越校友"奖章，以表彰他对世界工程技术方面作出的贡献。1982年，他被美国国家科学院授予外籍院士称号。

相传1940年的一天，在茅以升家里，兄弟几人聚在一起，商量如何庆祝母亲70岁生日。

哥哥说："母亲爱子胜于爱自己，她发现我们有不良倾向时，总是耐心开导，从不暴躁训斥。现在我们学有成就，能报效祖国，得感谢她老人家的养育之恩。我们兄弟几家一起为母亲祝寿吧！"

弟弟说："母亲为了我们的成长操劳了一辈子，我们在家乡建造一座花园小楼，让母亲过个幸福的晚年吧！"

茅以升一言不发，沉浸在幸福又心酸的回忆里。他想起童年时家中的一场大火，那是多么可怕的夜晚啊！屋里燃起熊熊烈火，母亲为救孩子，一次又一次地冲进火海……兄弟几人终于脱险了，母亲的脸上却留下了深深的疤痕。

15岁那年，茅以升考进唐山路矿学堂。进校几个月后，辛亥革命推翻了清政府，他和同学们想弃学从军。为此，他写信给母亲，希望得到母亲的支持。

母亲回信说："你想参军报国，想法可嘉。但你年纪还小，知识不多，就是一心想为国出力，也没多大本事。应安下心来，继续读书为好。"

茅以升接受母亲的劝导，留在学校发奋读书。

1912年秋天，孙中山先生去唐山路矿学堂视察，勉励学生学好本领，为国效劳。听了孙中山的讲话，茅以升回忆起母亲的叮咛，进一步坚定要做一个有真才实学的人。在唐山5年的学习中，几乎每次考试他的成绩都是全班第一，全校同学都十分佩服他。他的理解力和记忆力也是全校闻名的，不仅能背出圆周率小数点后几十位数字，还能背出化学元素周期表。

想到这里，茅以升说："我们兄弟几人能够学有成就，全靠第一任教师——母亲。我们大力弘扬母亲孜孜以求、诲人不倦的精神，就是对母亲70寿辰的最好的祝贺。"他站起来继续说道："我建议以母亲的名字设立'石渠奖学金'，奖励研究土力学的优秀会员。"

茅以升的主张得到兄弟们的赞同，大家捐款在唐山工程学院设立了"石渠奖学金"。人们敬佩茅以升兄弟对长辈的尊敬，也夸奖他们母子两代人对科学的贡献。

冼星海的敬老情

> 父不慈则子不孝，兄不友则弟不恭，夫不义则妇不顺矣。
>
> ——颜之推

1905年6月13日，人民音乐家冼星海出生在澳门一个贫苦渔民的家庭里。出生的当晚，星斗满天，星光灿烂，母亲因此给他取名星海。

冼星海出生不久，父亲便去世了。母亲靠勤劳的双手，以针线缝补、浆洗、干杂活等勉强维持生活。年幼的冼星海深深地尝到了人间的疾苦。

据传，冼星海的母亲是一位善唱渔歌、民歌的农家歌手，她经常哼唱渔歌、民歌给他听。少年冼星海单靠记忆就能背唱出母亲教他的上百首歌谣。可以说，冼星海的第一位音乐老师就是他的母亲。他能成为伟大的音乐家，与母亲的巨大影响分不开。

后来，冼星海赴法国求学。在法国求学的6年里，冼星海每时每刻都思念着母亲。他主要靠在餐厅等处做杂役维持生活，凭借着母亲的告诫和对母亲的思念在法国认真求学。

1935年夏天，冼星海回到了久别的祖国。富有孝心的冼星海用第一个月的工资给母亲做了一套衣服，母亲流下了幸福的热泪。

抗日战争全面爆发后，冼星海毅然参加了抗日救亡运动。母亲没有挽留刚刚归来的儿子，而是积极支持鼓励他。

冼星海来到延安，艰苦的生活把他的意志磨炼得更加坚强，他的思想境界也达到了一个新的高度，创作出许多的不朽乐章，有《黄河大合唱》《在太行山上》《到敌人后方去》和歌剧《军民进行曲》等上百部作品。他对母亲的思念也更为强烈，在给母亲的信中他写道："要把最伟大的爱，贡献给国家，把最宝贵的时光和精力投入到民族解放的斗争中去。"冼星海把对母亲的爱和孝升华到了一个崇高的境界。

才旦卓玛尊老敬老

> 不应该说我怎么尊敬老师,而应该说王老师是怎样关心、爱护我。
>
> ——才旦卓玛

才旦卓玛是藏族民歌手,女高音歌唱家,国家一级演员。她是西藏日喀则人。1956年11月至1957年8月,在西藏日喀则文工团当学员。1957年8月至12月,在西藏公学预科学习。1958年底到上海音乐学院声乐系学习,师从著名声乐教育家王品素教授。1961年4月加入中国共产党。1964年从上海音乐学院毕业,历任西藏自治区歌舞团演员、团长,中国音协主席,西藏文联主席,中国文联第五届全委会执行副主席,中国文联第六届全委会副主席,西藏自治区第四、五、六、七届政协副主席,是第五届全国人大常委、第六届全国人大代表,第四、七、八、九届全国政协委员。

她曾参加音乐舞蹈史诗《东方红》的演出,演唱的主要歌曲有《翻身农奴把歌唱》《唱支山歌给党听》《北京的金山上》《阿玛列洪》《酒歌》等,录制有唱片《美丽的西藏,可爱的家乡》。

1980年冬天,她去上海演出。一到住地,她就急着要回家看"妈妈"。这可把大家弄糊涂了,她的丈夫和女儿都在拉萨,怎么会在上海还有个家?而且她的母亲已经去世了,怎么还有个妈妈?

才旦卓玛笑了，说："你们不知道，我还有个汉族'妈妈'，她就是王品素老师。"

王品素是上海音乐学院的教授。才旦卓玛从1959年到1964年一直跟王老师学习声乐，师生之间建立了深厚的友谊。她把王老师当作自己的汉族"妈妈"，只要出差到上海，第一件事就是去探望王老师。才旦卓玛时时想念着自己的老师。当听说王老师血压高时，她心急如焚，千方百计地搞来治病用的天麻，一个一个地洗净，一片一片地切开，再用线串起来晒干，寄给千里之外的王老师。

王老师收到邮包后，十分激动。她担心这样会影响才旦卓玛的工作和休息，就一再回信嘱咐她不要再寄药了。可是，邮包还是不断地从遥远的西藏寄来。

当时，才旦卓玛演唱的《唱支山歌给党听》《北京的金山上》《翻身农奴把歌唱》等歌曲已经传遍各地，深受群众的喜爱。她还多次出国演出，获得很高的声誉。但她从来也没有忘记她是王老师的学生。每一次来上海，她像在学校时一样，站在钢琴旁，一首歌一首歌地唱给王老师听，向老师虚心求教。有时，王老师指出她演唱的不足，她就反复唱几十遍。师生俩常常这样练到深夜。

曾经有人问才旦卓玛："你为什么这样尊敬你的老师？"她坦诚地笑着，连连摆手说："不应该说我怎么尊敬老师，而应该说王老师是怎样关心、爱护我。我在学校里唱的那些歌，都是王老师一字一句地教出来的。在生活上，她又像母亲一样关怀着我。我的每一点儿进步都凝聚着王老师的心血。你们说，我应该怎样感谢这位汉族'妈妈'？"

第三章 尊师好学

子贡颂师

> 一日之师，终生为父。
>
> ——关汉卿

子贡，姓端木，名赐，是春秋末期思想家、教育家，孔子的得意门生。

子贡才思敏捷，善于辞令，曾经商于曹国与鲁国之间，富至千金。他积极参与政治活动，还在鲁国和卫国做过官。

子贡很尊重他的老师孔子。一次，子贡到齐国去作客，齐景公接见了他。在谈话中，齐景公问子贡："先生，您的老师是谁？"

子贡回答说："我的老师是鲁国的仲尼。"

齐景公又问："孔仲尼是个贤明的人吗？"

子贡回答说："他是当代的圣人啊！"

齐景公笑着又问："他是怎么个'圣'法呢？"

子贡说："这个我也不知道。"

齐景公脸上变了颜色，说："刚才您说他是'圣'人，现在又说不知道，这是怎么一回事呢？"

子贡回答说："这也没什么奇怪的。打个比方说，我一辈子都头顶着青天，但我却不知道天有多么高；我一辈子都踩着大地，但我却不知道地有多么厚。我跟着孔仲尼学习，就像渴了的人拿着水

壶到江河灌水一样，喝满了肚子就走开，怎么能知道江河有多么深、多么大呢？"

齐景公说："先生您夸老师仲尼，有些过火了吧？"

子贡回答说："我哪敢言过其实呢！我觉得还没说到实处。我夸仲尼，就像两只手捧着一捧土加到泰山上，很明显，泰山不会因此而增高；假使我不夸仲尼，就好像捧走泰山上的一捧土，很明显，泰山也不会因此而降低。"

齐景公听完子贡的话，深表敬佩地说："先生您说得对，确实是这样啊！"

子贡敬师尊老的故事，一直为后人所传颂。

颜回尊重老师

颜渊独知孔子圣也。

——《论衡·讲瑞》

颜回，春秋末年鲁国人，字子渊，一作颜渊。他天资聪颖，敏而好学，是孔子的得意门生，他以跟孔子学习为最大的快乐。

颜回随孔子周游列国时，在去陈国和蔡国的路上被困住了，一连7天没吃上一口饭，一行人饿得都受不了了。

孔子只好白天躺着睡觉，借以忘却饥饿。颜回见老师饿得渐渐消瘦下去，心里十分忧伤。他想："我这样的年轻人或许还能熬上一些日子，但老师上了年纪，怎能经得起饥饿的折磨呢？"于是他决定想办法弄点吃的来。他没想出什么好办法，只好去向人乞讨。他遇见一位好心的老婆婆，给了他一些白米。

颜回高高兴兴地把米拿回来，心想："这回老师可以吃上一顿饱饭了。"他连忙把米倒在锅里，砍柴生火，不一会儿就把饭做熟了。

这时，孔子也正好睡醒，突然闻到了一阵扑鼻的饭香。他十分奇怪，哪来的饭香呢？他连忙起身出来探望。没想到，刚一跨出房门，就看见颜回正从锅里抓一把米饭往嘴里送。孔子既高兴又生气，高兴的是终于有饭吃了，生气的是学生居然这般无礼，老师还没吃，学生自己却抢先一个人吃了起来，这成何体统？

过了一会儿，子贡端了一碗热腾腾、香喷喷的白饭送到孔子面前，说道："今天幸好遇到一位热心肠的老婆婆，送给我们一些白米，现在饭已做好了，请老师先吃吧！"孔子没有接米饭，而是说道："刚才我睡觉时做了一个梦，梦到了去世的父亲，让我先用这碗洁白的米饭去祭奠他老人家。"

颜回一听，忙说道："不可，不可！这米饭不干净，不能用来祭奠！"

孔子故作不解地问："你为什么说这饭不干净呢？"

颜回答道："方才煮饭时，不小心将一块炭灰掉在饭上面。我感到为难，倒掉吧，太可惜了，不倒掉吧，又不能把弄脏了的饭给老师吃呀！后来，我自己把沾了炭灰的米饭抓来吃了。所以，这掉过炭灰的饭是不能用来祭奠的。"

孔子听后，恍然大悟。他激动地拉着颜回的手说："颜回呀！你真是一位贤德的人啊！"

秦始皇拜荆条

> 见了这荆条，如见恩师，焉能不拜。
>
> ——秦始皇

秦始皇（前259—前210年），赵氏，名政，秦庄襄王之子。公元前221年，他完成统一大业，建立了中国历史上第一个统一的多民族的封建国家。

公元前215年的一个秋天，秦始皇乘着车，在文武百官的护卫下，浩浩荡荡地从碣石向东北进发，这是他完成统一大业后的第四次出巡。

在细碎的马蹄声中，秦始皇陷入沉思。他想起了自己幼时的老师。那位严厉的老人，第一次讲课讲的就是舜赐给秦人的姓——赢。老师要学生第二天写下来。

"老师，太难了。"秦始皇随口说。

"什么？一个赢字就太难了？将来秦国要靠你去治理，能见难而不进吗？"老师举起荆条训斥他。

后来，这位可敬的严师去世了。……

突然，马车停下了。前卫官来到秦始皇车前奏道："仙岛不远了，请陛下乘马前行。"

于是，秦始皇又改乘有金佩饰的白马，行不多时便来到岛上。

他环视渤海，豪情满怀。他低头看着马前，忽然下了马，撩衣跪拜。

随行文武百官不知是怎么回事，也只好跟着参拜。

等秦始皇起来，李斯才问为何参拜。

秦始皇深情地说："众位爱卿，此岛所生荆条，正是朕在邯郸时老师所用的荆条，见了这荆条，如见恩师，焉能不拜？"

众人无不赞佩。后人把这个岛改称为秦皇岛。

汉明帝尊重老师

> 岂敢，岂敢，请老师免礼。
>
> ——汉明帝

汉明帝刘庄，字子丽，庙号显宗，公元43年被立为皇太子，公元57年即皇帝位。

桓荣，字春卿，东汉沛郡龙亢（今安徽怀远西北龙亢集）人。他少年时曾游学长安，习《欧阳尚书》，拜博士朱普为师。他勤学不倦，15年不曾回家，终成学业。他六十多岁时被汉光武帝赏识，召为议郎，后入宫教授太子刘庄。

刘庄并没有因为当了皇帝，成为一国之尊而骄横，仍对老师必恭必敬。因老师桓荣年迈，刘庄便免去他上朝奏事的礼节，让桓荣在家休养，并经常带着大臣们去桓荣家听课。在繁华的洛阳城内，

常会出现这样的景象：宽敞的街道上，行人和车辆纷纷闪出一条路，然后有一辆高大、宽敞、华丽的马车从中直驱而过，车后又跟着一支长长的队伍，浩浩荡荡向桓荣家驶去。老百姓们对圣驾都投以尊敬、钦佩的目光，并纷纷赞叹：自古以来，哪里有这样的皇帝，亲自驱车到老师家求学的？为了不惊动桓荣，每当马车临近桓荣家的时候，刘庄便下令停车，步行进入老师家的小巷。桓荣得知皇帝驾到，赶紧整理好衣帽，到门外恭候，以行君臣之大礼，但刘庄每次都是连连摆手说："岂敢，岂敢，请老师免礼。"然后亲自搀扶老师进入府中，让老师上座，并叫大臣们在桓荣面前摆设案几，让朝中百官和桓荣教授过的学生站在桓荣面前，以表对老师的尊敬与关心。然后，刘庄领着大家一起捧着经书，全神贯注地听桓荣传授知识。休息时，刘庄亲自捧着命人特为桓荣做的点心，恭敬地送到桓荣面前，请桓荣食用。讲课结束后，刘庄便带着百官向老师行礼告辞。除此外，刘庄还经常为桓荣解决各种生活困难，为他提供一切方便。

　　桓荣身患重病时，刘庄多次去桓荣家看望，每次来都是小步跑到桓荣的病床前，一边垂泪，一边诚恳地安慰桓荣，祝愿老师早日康泰，并叮嘱有关大臣到桓荣家帮助老师料理家事。不久，桓荣病故，刘庄悲痛万分，并不顾大臣的劝阻，脱下龙袍，穿上丧服，亲自到桓荣老师家为之吊孝送葬。同时，他把首阳山的一块向阳之地，赏给桓荣作墓地，并赞扬桓荣说："桓荣老师的品德高尚、学识渊博，可以和古代贤人相媲美。"

华佗尊老拜师

> 佗方术实工,人命所悬,宜加全宥。
>
> ——《后汉书》

华佗,东汉末年医学家,字元化,沛国谯(今安徽亳州)人。他精通内、外、妇、儿、针灸各科,其中对外科尤为擅长。

华佗成了名医以后,来找他看病的人很多。相传有一天,来了一位年轻人请华佗给他看病。华佗看了看说:"你得的是头风病,药倒是有,只是没有药引子。"

"得用什么药作药引子呢?"来人问道。

"生人脑子。"病人听后,吓了一跳,这不相当于没药治!他失望地回家了。

过了些日子,这个年轻人又找了位老医生看病。老医生问他:"你找人看过了吗?"

年轻人回答:"我找华佗看过,他说要生人脑子做药引子,我没办法,只好不治了。"

老医生哈哈大笑,说:"用不着找生人脑子,你去找十个旧草帽,煎汤喝就行了。记住,一定要找人们带过多年的草帽才顶事。"

年轻人照办,果然药到病除。

有一天,华佗在街上碰到这位年轻人,见他生龙活虎一般,不

像有病的样子，于是便问："你的头风病好了吗？"

"是啊，多亏一位老先生给治好了。"年轻人回答。

华佗详细地打听了治疗经过，非常敬佩那位老先生。他想向老医生请教，但又担心如果老医生知道他是华佗，肯定不会收他为徒。于是，他隐姓埋名跟着那位老医生一直当了三年学徒。

一天，老师外出了，华佗和师兄弟们在家里拣药。这时门外来了一位肚子像箩、腿粗如斗的病人。病人听说这儿有名医，便慕名而来求治。

老师不在家，徒弟们不敢随便接待，就让病人改日再来。病人苦苦哀求着："求求你们，给我治治吧！我家离这儿很远，来一趟太不容易了。"

这时，华佗见病人病得很重，不能拖延了，便说："我来给你治治吧！"之后，他拿出二两砒霜交给病人说："这是二两砒霜，分两次服用，可不能一次全吃了啊！"病人接药后连声道谢而去。

病人走后，众师兄弟埋怨着："砒霜是毒药，吃死了人可怎么办？"

"这人得的是鼓胀病，必须以毒攻毒。"华佗说。

"治死了人谁担当得起啊？"有人说。

华佗笑着说："不会的，出了事我担着。"

那个病人拿药出了村口，正巧遇上了老医生，病人便走上前求治。老医生一看，说道："你这病好治，买二两砒霜，分两次吃掉，一次全吃了有危险，快快去吧！"

病人一听，说："二两砒霜你徒弟已拿给我了，也是叫我分两次吃的。"

老医生接过药一看，果然上面写得清清楚楚，心想："这个验方除了护国寺老道人和华佗，还有谁知道呢？"

回到家里，老医生问徒弟们："刚才那个大肚子病人的药是谁给开的？"

徒弟们指着华佗说："是他给开的。我们说这药有毒，他不听劝告，逞能。"

华佗不慌不忙地说："师傅，这病人得的是鼓胀病，用砒霜以毒攻毒，病人吃了有益无害。"

"这是谁告诉你的？"老医师问道。

"护国寺老道人，我在他那学了几年。"华佗回答说。

老医生这才明白过来，他就是华佗，连忙说："华佗啊！你怎么跑到我这做学徒啊！"

华佗只好如实说出拜师求学的原因。

老医生听了华佗的话，一把抓住他的手说："你已经是一位声名远扬的医生了，还到我这穷乡僻壤来吃苦，真对不起你呀！"

之后，老医生把治疗头风病的单方传给了华佗。

郑玄尊老求学

> 玄自游学，十余年乃归乡里。家贫，客耕东莱，学徒相随已数百千人。
>
> ——《后汉书》

郑玄（127—200年），字康成，北海高密人，东汉末年的经学大师。

郑玄自幼勤奋好学，熟读经史。12岁时，郑玄随母亲到外祖父家作客，当时人很多，大家穿着华丽的服装，高谈阔论。郑玄对此非常冷淡，离他们很远。其母催促多次，让他参与，他说："此非我志，不在所愿。"说完，他就离开人群到别处读书去了。

后来郑玄在乡里任啬夫之职，主管乡间民事诉讼和收取赋税，每逢休息时他都前往学府，向老师请教各种经学问题。后来，他不愿意担任官吏，立志读书，父亲非常愤怒，但也改变不了他的志向。郑玄辞职进入太学学习，白天在学校学习，晚上还经常读到深夜。

郑玄立志求学，多方拜师，研究义理，力求深透。开始时，他拜京兆第五元先为师，研读《京氏易》《公羊春秋》《三统历》及《九章算术》。掌握这些经典内容后，他又拜东郡张恭祖为师，学习《周官》《礼记》《左传》《韩诗》《古文尚书》等。郑玄读书非常精细，认真圈点评注，每有所得，就在书上写眉批，蝇头小字密密麻麻，见解独到。他治学严谨，从不妄加揣测和品评，不懂就问，到处寻师，山东有名的学者他几乎问遍，对此他并不满足，还要精益求精。

马融精通经史，学识渊博，名重一时。郑玄千里迢迢西入关中，经卢植介绍拜马融为师。马融有学生400多人，能进入课堂听讲的仅50余人，多是学识水平较高者。郑玄在马融门下，3年不得相见。马融派学业成就优异的学生去教郑玄。郑玄不因为没有亲自聆听马融教诲而失望，日以继夜发愤读书，孜孜不倦，学识大有长进。有一天，马融召集许多弟子考论图纬，遇到许多问题不能解答，听说郑玄善于计算，于是在楼上召见郑玄。郑玄才思敏捷，回答准确，计算迅速，马融和他的学生很是惊奇，赞叹不止。后来，郑玄把几年来在经学上的疑难问题全部提出来，马融一一解答。郑玄在马融门下学习几年，后因父母年迈才辞别马融返回山东。马融依依不舍，对他的学生说："郑生今去，吾道东矣。"

郑玄在外地学习10多年，目睹了东汉黑暗的社会现实，他厌恶那些不择手段追名逐利的势力小人，甘愿当一个正直的学者，于是一边种田维持生计，一边办学教书，跟随他学习的近千人。当时学习的内容是六经。给六经作注释的人很多，各持己见，洋洋几十万言，往往言不及义，阅读起来不得要领，无所遵循。郑玄综合诸家所见，"刊改漏失"，删繁就简，使"学者略知所归"，减少学习难度，深受学生欢迎。

何进、董卓、袁绍多次征召，郑玄拒绝赴任，安贫乐道，一心教书，培育人才，郗虑、王基、崔琰这些名倾一时的汉魏贤臣都出自他的门下。郑玄"隐修经业，杜门不出"，潜心钻研，以"述先圣之元意""整百家之不齐"为己任，著书立说，自成一家。郑玄一生著述甚丰，所注释的书有《周易》《尚书》《毛诗》《仪礼》《礼记》《论语》《孝经》等，又著《天文七政论》《六艺论》《毛诗谱》《驳许慎五经异义》《答临孝存周礼难》等，共一百多万字。郑玄在经学界是很有权威的，他兼修古今文，融汇古今学说，见解超常，注释详实，"义据通深"。唐初作《五经正义》多采用郑玄注释，足见其影响之深。郑玄为我国文字学、训诂学及史学作出了很大贡献。

石勒尊老好学

> 既至，勒亲与乡老齿坐欢饮，语及平生。
> ——《晋书》

石勒（274—333年），字世龙，原名匐勒，上党武乡（今山西榆社北）人，羯族，十六国时期后赵建立者，319—333年在位。

石勒的祖父是部落的小头目。石勒年轻的时候，并州地方闹饥荒，他曾给人做过奴隶、佣人。石勒受尽艰难，没有出路，就召集一群流亡的农民，组织起一支强悍的队伍。刘渊起兵后，他投降前赵，在刘渊部下当了一员大将。他不识字，但从小受过汉族文化教育。任大将以后，他渐渐懂得了要成大业，光靠武力是不行的。于是，他拜汉族士人张宾为师，采取了许多有效的治国措施，还收留了一大批北方汉族中的贫苦读书人，组织了一个"君子营"，虚心向他们求教。由于他骁勇善战，加上有张宾等一大批谋士帮他出谋献策，势力更加强大。过了两年，他在襄国自称皇帝，改国号为后赵。

他十分重视读书人和尊重教书的先生。当了皇帝后，石勒命令部下，凡遇到读书人和有学问的先生，一定要请到襄国来。他采用了张宾等人的意见，设立学校，要他部下将领的子弟进学校读书。他还建立了保举和考试的制度，招贤纳士，凡是各地保送上来的人，经过评定，合格的就选用为官。

石勒特别喜欢请一些读书人和老师把史书讲给他听。他一边听,一边认真思索,没有一点架子,还随时发表自己的见解。有一次,他让人给他读《汉书》,听到有人劝汉高祖刘邦封旧六国贵族的后代为侯,他说:"刘邦采取这种错误做法,怎能得天下呢?"讲书人马上给他解释:"后来由于张良的劝阻,汉高祖并没有这样做。"石勒点点头说:"这才对啦!"

由于石勒重用人才,尊老好学,在政治上比较开明,后赵初期出现了兴盛的景象。

范缜尊老

> 子良不能屈,深怪之。
>
> ——范缜

范缜,南朝齐梁时思想家,无神论者,字子真,南乡舞阴(今河南泌阳西北)人,曾任尚书殿中郎、尚书左丞等职。他曾同佛教有神论者进行公开的论战。范缜反对佛教因果报应说,认为人生好比同一棵树上的花朵,有的花瓣被吹到厅堂,也有些花瓣飘落进粪坑中,这完全是自然现象,毫无因果可言。对于形神之辩,他认为,形神相即,不得分离,精神离开形体,不能单独存在。他著有《神灭论》《答曹思文难神灭神》(即《答曹舍人》)。

他刻苦学习,博览群书,不仅学习儒家、道家学说,也学习法家、墨家学说。正因他广泛涉猎群书,加上他不随波逐流,喜欢独立思考,所以他接受了古代朴素的唯物主义世界观。

十几岁时，他拜刘瓛为师，成为刘瓛的得意门生。刘瓛喜欢他刻苦钻研、打破砂锅问到底的精神，经常对他单独辅导，解答疑难问题。师生一谈就是一个长夜。

范缜20岁时，按当时的习惯举行加冠礼。常规做法是：由父亲把他的头发束起来，举行仪式，表示他已长大成人，然后互相道喜。可是范缜幼年丧父，加冠礼时就由老师刘瓛代替父亲给他束发。同学们也都来祝贺。刘瓛以师代父，对范缜鼓舞很大。他虚心学习，学业大进，终于写出了唯物论巨著《神灭论》，无情地抨击了王公大夫无人不言佛、道鬼神的迷信主流，对发展唯物主义思想起了积极作用。

画圣吴道子尊老学艺

> 绝顶聪颖绝顶狂，天生道子世无双。
> ——张旭

吴道子，唐朝开元盛世时期著名画家，史称"画圣"。

他天性聪明，一向好学，在向师傅学画的一群学生中，他的成绩最为突出，画得最好。师傅看他学有所成，决定让他出去闯荡一番。临别时向他赠言："不拘成法，另辟蹊径。"

吴道子认为自己已经学得很好，便恃技狂傲。相传一次，他与名画家杨惠之比画，结果他败了。他羞愤难当，衣衫不整，失魂落魄地来到一家酒肆。正巧，当朝的秘书监贺知章和长史张旭正在豪饮。他们醉后挥笔。贺知章提笔写出一幅古拙沉雄、大有飞动之势的狂隶："酒中去寻蓬莱境，悠悠荡荡上青云。"而张旭展臂写下两行狂草："张颠自有沧海量，满壁龙蛇碗底来。"其字迹真如龙蛇狂舞，气势豪壮。

吴道子看得发呆，仿佛得见天人一般。他奔到二人面前，扑地跪倒，纳头便拜。二人见一个满脸污垢的人跪在面前，以为是乞丐来乞讨，连忙扔下两把碎银，便向门外走去。吴道子慌忙站起来，来到门前，把二人拦住，重又跪倒在地，说："在下姓吴名道子，愿投在二位老先生门下学习书法。"二人这才明白吴道子的用意，但看他这副怪模样，都不大欣赏地摇了摇头。在他们看来，这个人怎么能写好字呢？贺知章拉着张旭，绕开吴道子又向门外走去。

吴道子一看他们不肯认他为学生，重又站起来，急得大叫："二位先生慢走！"然后，他跑过去连连叩拜不起，只叩得额头青紫，流出血来，嘴里还不住地说道："道子实在是为先生的技法倾倒，望能收下弟子，望能收下弟子。"

贺知章、张旭为吴道子的一片挚诚所感动，忙把他扶起来。张旭取出自己写的楷、行、草三幅字给吴道子，要他先临习两年。张旭说："字外无法，法在字中，勤奋就是诀窍。"

烈日炎炎，蝉鸣不已，吴道子在室内赤臂挥毫，练习楷书。他大汗淋漓，案上已积满了书写过的纸张。秋去冬来，大雪盖地，吴道子在书写狂草。

一年过去了，吴道子去拜见恩师。张旭见吴道子来，马上问道："你为何临摹刚一载就来找我？"吴道子把一幅自己写的草书呈给张旭，回道："弟子来请恩师指导一下……"张旭将条幅展开一看，之后生气地随手掷于地上。吴道子见状，连忙跪在地上说："恩师，弟子知道，技法我还远未练成，然而弟子不是为学书法而学书法的。""嗯？"张旭面有愠色。吴道子说："弟子本来志在丹青，现如今画坛技法俱已陈旧，弟子志在创新，另开蹊径，然而苦

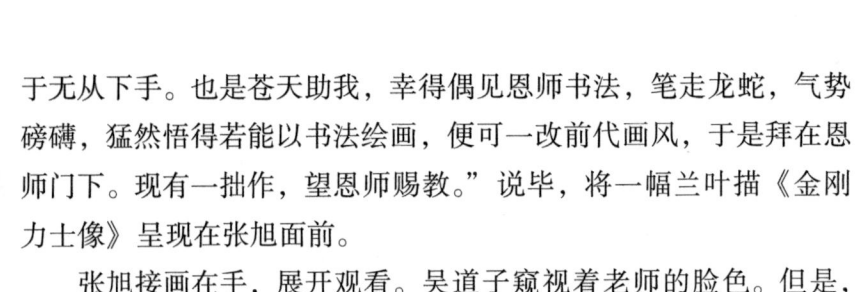

于无从下手。也是苍天助我,幸得偶见恩师书法,笔走龙蛇,气势磅礴,猛然悟得若能以书法绘画,便可一改前代画风,于是拜在恩师门下。现有一拙作,望恩师赐教。"说毕,将一幅兰叶描《金刚力士像》呈现在张旭面前。

张旭接画在手,展开观看。吴道子窥视着老师的脸色。但是,张旭却一脸平静,不露声色。观后,张旭将画卷了起来。

吴道子起身道:"弟子还要游遍远近山川庙宇,再练山水画技,就此告辞了。"说完,对着张旭拜了三拜,转身离去。

张旭待他走后,才展开画幅重新看了又看,赞叹道:"绝顶聪颖绝顶狂,天生道子世无双。"

吴道子这种尊敬长者、潜心学艺的品德,终于使他成为画坛的一代"画圣"。

宋太祖尊老尚学

> 学生理应拜先生!我永远是您的学生。
> ——赵匡胤

宋太祖(927—976年),即赵匡胤,涿州(今属河北)人,宋朝的建立者。历朝历代的政变事件屡见不鲜,"陈桥兵变,黄袍加身"便是由后周禁军最高统帅赵匡胤发起的一次成功的政变。赵匡胤兵不血刃登上帝位,他对待权臣刚柔并济,怀柔安抚,很好地解决了军权问题。

赵匡胤出身于军人家庭。他的父亲是后唐骑兵中一个中级指挥官。赵匡胤出生时，正值政局混乱的五代时期。那时，人们普遍崇尚武术，轻视读书。赵匡胤小时候却和一般公子哥不同，他既崇武又重文。7岁时，他进入私塾读书，学习非常刻苦，成绩总是名列前茅。他的老师叫辛文悦，是个知识渊博的人。老师特别喜欢他，他也十分尊敬老师。

那时候，学生常常捉弄老师。

有一天，劳累的辛老师趴在书案上打起盹来。两个好恶作剧的学生偷偷溜出教室，从后园中捉了只螳螂放在了辛老师的肩头。螳螂舞动着长腿，一步步向上爬着，眼看着就要爬到辛老师的衣领里。学生们不再读书，都好奇地看着，不时地发出"嘻嘻"声。赵匡胤看到同学这样不尊重老师，十分气恼，他狠狠瞪了那两个同学一眼，然后又轻手轻脚地来到老师跟前，把螳螂捉了下来。恰巧这时候老师醒了，看见赵匡胤手里捏着只螳螂，以为他在捣蛋，非常生气，冲着他喊："真乃顽童，岂能容汝。去也！"赵匡胤什么也没说，流着眼泪离开了课堂。

后来，辛老师从别的学生那里得知了真相，心里很不平静。他把赵匡胤找来，赔罪说："汝无错，师之过也！"

从此，辛老师更加喜欢赵匡胤，赵匡胤也更加刻苦学习。他跟辛老师学了很多知识。

"陈桥兵变"后，赵匡胤当了皇帝。做皇帝后，他没有忘记恩师，派人把老师接到朝中。辛老师一见当朝皇帝，就要行君臣大礼，赵匡胤忙跪拦道："愧煞我也，学生理应拜先生！我永远是您的学生啊！"辛老师感动得热泪盈眶，决定应赵匡胤之邀，留在朝中为官。

从此，宋太祖赵匡胤重文尊师的美德誉满天下，人们纷纷效仿他。一时间，崇尚学习，尊敬师长，成为风气。

陆佃尊老千里求师

> 佃精于礼家名数之说。
> ——《宋史本传》

陆佃，字农师，越州山阴（今浙江绍兴）人，是我国宋代著名诗人陆游的祖父。

陆佃小时，家境贫困，家里没钱供他上学读书，他只得帮助家里打柴、耕田。但他酷爱读书，从不放过一点空余时间，白天劳动空闲或晚上劳动后，都是他读书的好时机。他一边干活，一边向有学问的人求教，把学到的知识记下来，不断丰富自己的才学。夜晚没油点灯，他就在院子里借着月光读书。经过十几年的苦读，陆佃在当地初露头角，小有名气了。

古时学校很少，求师困难，求名师更为不易。为了学到更多的知识，陆佃决定到外地拜师求学。当他得知王安石正在江南讲学，便决心去拜师。

为了拜师，他穿着草鞋，背着铺盖，长途跋涉了千里路程。一天下午，他来到一条河边，当时没有渡船，他只得把行李顶在头上涉水过河。当他走到河心，突遇山洪暴发，巨大的洪流将他卷走，幸好一位好心的艄公救了他。经过几个月的努力，他终于找到了王安石，当他跨进王安石的家门时，已精疲力竭了。王安石看到这位不远千里前来求学的有志青年后，十分喜爱，决心把全部知识传授给他。

　　陆佃学习非常刻苦，在王安石的精心教导下，他博览群书，知识面极为广泛。在京师考试时，考官将题目一道紧接一道地发下来，许多人都惊慌失措，陆佃却从容作答，最终考中进士。他精通三礼，受到宋神宗的称赞，被提拔为中书舍人、给事中。宋徽宗继位后，陆佃先被召为礼部侍郎，升吏部尚书，又拜尚书右丞，后转左丞。

　　陆佃一生虽然大多数时间身在官场，但仍坚持写作，著书242卷，如《埤雅》《礼象》《春秋后传》等，皆传于世。

程门立雪

> 一日见颐，颐偶瞑坐，时与游酢侍立不去，颐既觉，则门外雪深一尺矣。
>
> ——《宋史·杨时传》

　　杨时（1053—1135年），字中立，晚年隐居龟山，称龟山先生。熙宁九年（1076年），杨时中进士，次年被授予汀州司户参军。他以病为由没有赴任，专心研究理学。后来，杨时专门投于洛阳著名学者程颢门下，研习理学，与游酢、吕大临、谢良佐成为程门四大弟子。杨时学成回归时，程颢目送他远去，感慨地说："吾道南矣（我的思想会向南发扬光大了吧）！"元丰六年（1083年），杨时赴徐州上任；同年八月，他完成《庄子解》的著述。元祐三年

（1088年），杨时被授予虔州司法。

元祐八年（1093年）五月，杨时投于程颢的弟弟程颐门下，到洛阳伊川书院学习。那时，杨时已40多岁，而且他对理学已有相当造诣，但是，他仍然谦虚谨慎，不骄不躁，勤奋好学。

一天，杨时同一起学习的游酢去向程颐请求学问，却不巧赶上老师正在屋中打盹儿。杨时便劝告游酢不要惊醒老师，于是两人静立门口，等老师醒来。一会儿，天飘起鹅毛大雪，越下越急，杨时和游酢却还立在雪中。

直到程颐一觉醒来，才赫然发现门外的两个雪人！程颐深受感动，更加尽心尽力地教授学问。杨时不负重望，终于学到了老师的全部学问。之后，杨时回到南方传播程氏理学，且形成独家学派，世称"龟山先生"。

后人便用"程门立雪"这个典故，来赞扬那些尊师重道、恭敬求教的学子。

宋濂尊老求学不怕苦

> 以中有足乐者，不知口体之奉不若人也。
> ——宋濂

宋濂（1310—1381年），字景濂，号潜溪，明初大臣，文学家，与刘基、高启并称为明初"三学士"。

宋濂从小就酷爱学习，但家贫买不起书。为了读书，他常找当地藏书富甲一郡的人借书。书一借来，他就抓紧一切时间抄完送还，从不过期。由于他爱学习、守信用，常能借到书，这使他读了很多书。

20岁以后，宋濂的求知欲更强烈了，渴望得到名师的指教，却苦于找不到名师，又没有学识渊博的朋友一道研究学问，为此宋濂常常感到苦恼。

一天，有人告诉宋濂百里以外的地方有一个学识渊博的老先生，向他求学的人众多，是个难得的良师。

听到这个消息，宋濂十分欣喜，立即决定登门拜师。

当时正值数九寒天，穷困的宋濂却穿着一件破棉袄出门拜师。凛烈的北风刺骨，爬高山，越深谷，几尺深的积雪使他举步艰难。脚冻裂了口子，四肢冻得麻木了，宋濂却全然不顾，一心拜师求学。

那位老先生对待学生的态度非常严厉。每次求教，宋濂都要恭恭敬敬地站在教师的身旁，小心翼翼地提出问题，探问究竟，然后躬腰曲背倾耳等候解答。就是这样，老先生有时也会不耐烦，宋濂还要常常遭到训斥。

宋濂遭到这样的训斥，心里有时也无法承受，泪水常会不争气地涌出来。但他想："自己是来求学的，为的是向老师学得知识，不能计较老师的态度。"他常以张良进履的故事来激励自己，极力地抑制住要流出的眼泪，对老师的态度反而更恭谦了，礼节更周到了，耐心地等到先生高兴时，再提出问题请教。

当时与宋濂同学的人，大都是些世家子弟，衣食住行非常奢侈。宋濂却从不羡慕他们，更不觉得自己寒酸，他常想："以中有足乐者，不知口体之奉不若人也（因为心中有足以使自己高兴的事，所以并不觉得吃穿不如人家）。"因而，他求师更加虔诚，修学

第三章 尊师好学

更加刻苦。

后来，宋濂又先后拜过吴莱、黄溍、柳贯等人为师。求学时，他总是不顾酷暑严寒，顶风冒雨，长途跋涉，又常常是食不饱腹，即便在条件好的时候，他一天也只能吃两顿饭。但他从不把这些难耐的苦痛放在心上，却把求得高师、得到真知看作是最大的快乐。

宋濂不辞劳苦虔诚求师的精神为后人所敬仰，历来被传为佳话。宋濂更无负于求师的艰难而潜心修学，使他的史学知识博大精深，文采出众。他的散文名噪于世，平生著述极丰富，主修了《元史》，著有《宋学士文集》75卷、《浦阳人物论》、《孝经新说》、《龙门子》等，在当时影响很大，蜚声海内外，高丽、日本等国的使臣来中国，总是要问候宋先生，购买他的文集。

柳敬亭谨尊师言

> 每发一声，使人闻之，或如刀剑铁骑。
> ——黄宗羲

柳敬亭，是明末清初大名鼎鼎的说书艺人。他本姓曹，家住江苏泰州曹家庄。由于他好打抱不平，得罪了地方上的恶势力，不得已流浪到外乡。有一天，他睡在一棵大柳树下，醒来后抓着拂在身上的垂柳枝条，联想到自己的不幸遭遇，就改姓柳了。接着，他背诵起南齐谢朓咏敬亭山的诗，觉得"敬亭"二字可取，便以"敬亭"为名了。

一次,柳敬亭流浪到江南水乡的一个小镇,看到茶馆酒楼上经常有人说书,便经常去听书,听了后便记在心里,加上自己从小读了不少历史小说,听了不少民间故事,所以也想靠说书来维持生活。

由于不知道说书的方法和技巧,也找不到合适的老师可以求教,所以他只能自己摸索着瞎练一通,但效果很不理想,为此他很苦恼。后来,柳敬亭在旅途中听了一位叫莫后光的艺人说书,对他佩服得五体投地。他诚恳地请求拜他为师。莫后光看到这个青年诚实可爱,说书也有较好的基础,就把自己的经验传授给他。

莫后光告诉柳敬亭:"说书虽然是一种小技艺,但也要下苦功夫。首先要熟悉各阶层的生活和各地的方言、风俗、习惯,然后把观察和搜集到的材料,经过反复分析,找清它们的因果关系、发展过程,学会对掌握的材料加以剪裁取舍,能够把有用的材料组织得恰到好处。"

柳敬亭将老师的教导深深地记在心头。他白天到处游街串巷,仔细观察社会上各种现象,对方言俚语特别注意。晚上回家以后,他细细琢磨白天看到的事情,并把它们加工、提炼编到故事中去,并认真地记在纸上。

他这样学习了几个月后,便去找老师指点。老师听他说了一段书后,对他说:"现在你虽然能讲出故事,但还没能引人入胜。重要的是时时刻刻要想到怎样把故事说得好,说得动听。有时,故事中的情节要从从容容直叙,一路走来,直达胜境;有时,要简洁明快,开门见山,一目了然;有时要增加一些伏笔或悬念,让听众总想听个究竟,舍不得离去。总的来说,就是要在故事的轻重缓急之间,安排得贴切妥当,件件事要有头有尾,扣人心弦。"

他听了以后,继续苦心钻研。他去与各种人交朋友。在交往

中，他发现，有许多上了年纪的人说起话来很吸引人，而声音又随故事情节的跌宕起伏而抑扬顿挫，感染力很强，尤其是说话时那种胸有成竹的神态，很值得学习。他每天都细心观察、模仿。

又过了几个月，他又去请教老师。老师听了他说的一段书后，说："你现在进步已经不小了，听的人能聚精会神，但还要精益求精。说书的人要和故事中的人物打成一片，这样才能在动作、语言、神态上无不惟妙惟肖。只有使自己成了故事中的人物，才能吸引听众进入故事所表现的境界，让他们也忘了自己，忘了是在听书。这才是说书艺术最理想的境界。"

柳敬亭听了老师这番话，信心更足了，学习也更刻苦了。于是他进一步深入生活，熟悉人们的感情、爱好。他还常常说书给人们听，让大家评论，晚上再重新练习一遍，把大家的建议尽量采纳进去。

这样又过了几个月，他又去找老师。这次听了他说的书后，老师高兴得连翘大拇指说："你现在已学到家了。还没张口，你已制造了故事中的气氛，等说起来时，听众的情绪就能够不由自主地跟着故事中的人物共鸣起来了。"老师拍着他的肩膀说："你进步真快啊！真快啊！"

柳敬亭在名师的指点下，经过自己的刻苦研究，努力学习，终于成为一位有名的说书艺人。他走遍了大江南北，受到人们的热烈欢迎。

康熙尊老虔诚跪师

> 师严然后道尊，道尊然后民知敬学。
>
> ——《礼记》

康熙帝玄烨是顺治帝福临的第三子。他在位 61 年，对巩固清朝统治起了很大作用。

康熙帝很有才华，这与他受到了良好的教育是分不开的。顺治帝非常注意对康熙的教育，精心为他选派老师。

一天上朝，顺治帝提出一个问题："龙的耳朵小，象的耳朵大，出于何典？"掌管御书楼的彭而述奏道："此典出于《古藏经》十三篇。"顺治帝命人查对，果然如此。于是他决定请彭而述当太子的老师。彭而述被请到后宫见了太后，彭而述说："臣才疏学浅，不胜此任。"但圣命难违，他还是当了太子玄烨的老师。

玄烨很聪明，也很贪玩，学了一段时间就学腻了，一会儿去捕蝴蝶，一会儿捉蜻蜓，一会儿又和其他弟兄去捉迷藏……因此，他总完不成老师布置的作业。彭而述管教几次，收效不大。彭而述认为这样下去，玄烨将一事无成，于是决心严加管教，令其跪读。

正好这时太后从书房前路过，看到室内无人，细看才知玄烨正受罚，在圣人像前跪读。顿时产生怜爱之心，令其站起，并说道："读书亦为君，不读书亦为君。"彭而述当仁不让，接着说："读书为明君，不读书为昏君。"太后一怔，又令玄烨跪读。

晚上，太后传旨令彭而述到后宫。彭而述想："自己顶撞了太后，即为不尊不敬，肯定要受处罚。"于是他告诉家人做好思想准备："我如不按时归来，即遇难。但这不算什么，大不了人头落地。"到了后宫，太后亲自到门外迎接，并赐坐献茶。太后说："皇帝让我向你道歉！于是今日设宴作为答谢！"彭而述很感动，以后更加精心地教育玄烨，终于使他成为一代明君。

华罗庚尊重老师

> 归后，见书函盈尺，但不能不先复吾师。
> ——华罗庚

华罗庚（1910—1985年），著名数学家，江苏金坛人，早年去英国剑桥大学作学术访问，1946年任美国普林斯顿数学研究所研究员、伊利诺伊大学教授。中华人民共和国成立后，华罗庚任清华大学教授、中国科学院数学研究所所长等。1985年6月在日本东京讲学时，因突发心脏病而逝世。

教育家、翻译家王维克先生，是华罗庚数学天赋的第一个发现者。华罗庚成名之后，不止一次地说过："我能取得一些成就，全靠我的老师栽培！"

华罗庚从国外回来后，马上赶回故乡看望王维克老师。那年夏天，他在金坛受邀作了一次学术报告。报告前，他特地把王老师请到主席台上。进会堂的时候，华罗庚一定要王老师走在他前面；就坐时，他也只肯坐在王老师的下首。

1952年，华罗庚被任命为中国科学院数学研究所所长。他几次到王老师北京的寓所探望，后来，王老师由他推荐在北京商务印书馆担任了编审员，这让王老师这位教育家、翻译家能为新中国贡献力量。

1950年，刚回国不久的华罗庚收到王老师给他的信后，马上就提笔复函，起首第一句就是："归后，见书函盈尺，但不能不先复吾师……"1952年4月4日，王老师不幸患胃癌病逝金坛。华罗庚十分悲痛，他一面给陈淑师母写信，深表哀悼；一面又托他在金坛的子舅吴洪年代他到老师的灵前默哀。此后，他便一直像亲人似的热心照护陈淑师母及王维克的子女。

1980年，华罗庚到江苏推广"优选法"与"统筹法"，又回到金坛故乡。当记者问及他此行金坛主要有哪些活动后，他直率而爽朗地笑着回答说："我这次回金坛，第一件事是看望陈淑师母，第二件事是去母校看看。"他一到招待所住下，就特地请人把陈淑师母接到所里。一见面，他就用道地的金坛话亲切地喊道："师母好！"此后，他又扶师母坐下，让记者摄下了那愉快的镜头。当陈淑师母把一本新版的王维克先生的重要译著——但丁的《神曲》签上自己的名字赠给华罗庚时，华罗庚十分动情地说："谢谢！谢谢！这是王老师的心血啊！"

齐白石不负师恩

> 功名应无分，一生长笑折腰卑。
>
> ——齐白石

齐白石（1864—1957年），名璜，字濒生，号白石，是我国著名书画家、篆刻家。

齐白石生于湖南湘潭白石铺一个贫苦农民家庭。由于家庭生活困难，他只读了半年私塾就不得不中途辍学在家放牛砍柴，后拜师学做木工。但他非常喜欢画画。为雕花找花样，在一个偶然的机会，他借到一部残缺的《芥子园画谱》，开始练习花鸟、人物画。夜间，他常常独自一人在昏暗的桐油灯下，照着画谱认真临摹，往往是整夜不眠，这使他初步掌握了水墨画的一些技巧。

1889年春节过后的一天，齐白石在帮邻乡雕制嫁床时，巧遇书画家胡沁园老先生。胡先生慧眼识英才，在看过齐白石做画后，认为齐白石将来会大有作为，便决定收齐白石为徒。齐白石多年学绘画的愿望终于实现了，他欣喜不已。

经与家里商量，在半个月后一个春雨濛濛的中午，齐白石打着一把雨伞，穿着一双草鞋，从40里外的白石铺来到韶塘，上胡家正式拜师。拜过孔子后，齐白石便拜胡沁园。

胡沁园喜爱书画，写得一手好汉隶，擅画工致的花鸟草虫，好做田园诗,在湘潭一带享有诗、书、画"三绝"的盛誉。因此他深知,要掌握绘画技艺,没有一定的文化修养是不行的。所以他根据齐白石文化底子薄的弱点,先安排齐白石跟随胡家的家塾老师陈少蕃读诗书。

齐白石遵照胡先生的安排,第二天便开始跟陈少蕃老师读书。陈少蕃这位饱学的先生也善于因材施教,他不教齐白石读八股文和经书,而是先教唐宋诗词,读《唐诗三百篇》,并引导齐白石看小说。

由于文化基础差,齐白石常常在读书时遇到很多不认识的字。可他并没有因此灰心,而是边读书边识字,不分昼夜地发愤苦读,每天都要在昏暗的油灯下读到深夜。有时灯盏没油,他就"自烧松火读唐诗",经老师再三催促才肯休息。

这样勤攻苦读,加上齐白石惊人的记忆力和悟性,他很快背熟了《唐诗三百首》,研读了不少古人的诗文,还涉猎了《西厢记》《红楼梦》《聊斋志异》等古典文学著作,好多章节他读得滚瓜烂熟。

这年,一班文人聚会韶塘咏牡丹。初出茅庐的齐白石吟出了"莫羡牡丹称富贵,却输梨桔有余甘"的佳句,赢得了人们的交口称赞,被广为传诵。后来,齐白石还和一班文学青年组成"龙山诗社",他被推举为社长。他写的诗别具一格,同辈们无不折服,自愧不如。

读书与画画,是齐白石心头上的两件大事,在这两个方面,他是齐头并进的。在胡沁园先生的指导下,齐白石从"立意""用笔"开始,苦练基本功,进步很快。但他并不满足于这些进步,而是想尽一切办法,寻找一切机会向身边人学,向前人们学,博采众家所长,逐步走上了"以我少少许,胜人多多许"的道路。

这样,在胡先生的悉心指导下,不到一年,齐白石便掌握了画山水、人物、花鸟的基本技巧，显示出自己的艺术才能。

绘画与篆刻、书法、吟诗是密不可分的。齐白石在绘画、吟诗之余，还着力于书法与刻印。当时腕平锋正的何绍基字体在湘潭一带颇为流行，胡沁园深为喜爱。在师傅的影响下，齐白石抛弃了柔媚的"馆阁体"，认真临摹研练何体字，很快掌握了它的神髓。在篆刻方面，齐白石听从朋友黎铁安的指教，挑一担南泉坤的楚石，随刻随磨，以雕花木工的腕力，勤摹勤刻，篆刻水平也达到了很高的水平。

后来，为解决作品的装裱问题，齐白石又拜师学装裱，掌握了从托纸到上轴的全套本领。

齐白石不负老师们的教导，在艺术上奋力进取，名满天下。就在齐白石不断取得成功的时候，胡沁园老先生却与世长辞了。听到这一消息，齐白石悲痛欲绝，在老师的灵前抚棺恸哭。后来，他以无比沉痛的心情写下14首《哭沁园师》七言诗、一篇祭文和一副挽联。挽联写道：

衣钵信真传，三绝不愁知己少；
功名应无分，一生长笑折腰卑。

挽联深沉地抒发了他对老师给予他"真传"的无限感激之情，称赞了老师鄙薄功名的高尚品格。

齐白石又画了二十几幅画，亲自裱好，在胡沁园的灵前焚化，以慰藉老师的在天之灵，并一直将胡沁园先生的像供奉在自己的客堂里。

齐白石没有辜负老师的希望和教育之恩，一生献身艺术，辛勤耕耘，成为我国杰出的书画家、篆刻艺术家，用毕生的成就回报了恩师的心血浇灌。

程俊英不忘教诲

> 我听党的话,也就是听李老师的话。
> ——程俊英

程俊英,生于1901年,1922年毕业于北京女子高等师范学校国文部,著有《中国大教育家》《诗经译注》《诗经漫话》等。

几十年来,她一直珍藏着与李大钊先生的合影照片,怀念着自己的老师。

李大钊先生在女子师范学校讲社会学和女权运动史,把课堂作为宣传马克思主义的阵地,慷慨激昂地阐述革命道理,教育女学生为争取自身权利斗争,走革命的道路。这使程俊英等一大批学生具有了进步的革命思想,也开始了一些积极行动。

在李大钊先生的教导下,程俊英等几名同学参演汉乐府《孔雀东南飞》话剧。该剧由李大钊先生导演,陈大悲先生协助完成古装和布景。程俊英扮演兰芝这一关键性的角色。她牢记李大钊先生的嘱托:"这出戏演得好不好,关键在兰芝这一角色。你演得愈悲惨,反封建婚姻的意义愈鲜明。不但要使女观众流泪,还要使男观众流泪。"

程俊英不负李大钊的教诲,刻苦演练,体会人物感情,深刻领会人物的心理动态。这使她在演出中获得了很大成功,剧目缠绵悱

侧，形象生动、传神，充分表现出当时的妇女要求摆脱吃人的封建礼教的束缚、争取婚姻自由的强烈愿望。

1927年5月，程俊英听说李大钊先生为革命而牺牲的噩耗后泪流不止，肺腑似裂。她沉痛地摘取庭中鲜花一束，向墙上挂的毕业照上的李大钊像行三鞠躬礼，表示敬仰悼念之意。

为慰藉李大钊先生的英灵、不负老师的教育，程俊英一直以李大钊的精神鼓励自己前进。中华人民共和国成立前，她经常和大夏大学一些进步学生联系。学校要开除一些进步学生，程俊英设法援助，使有的同学还能留在学校继续从事地下工作。当时有几位同学被捕，她和丈夫张耀翔教授一起探望并设法营救他们。这在暗探密布、风声鹤唳的恶劣环境中，是难能可贵的。

中华人民共和国成立后，程俊英决心努力提升自己，争取早日入党，积极为社会主义服务。这个过程并不轻松，但每当她想到李大钊的教导以及李大钊为革命捐躯的英勇精神，便不气馁。个别老友善意地劝他："您年事已高，应该享受劳保的福利，何必常常写到深夜呢？"她感激这些人的关心，但她不能忘记李大钊的教诲。她心里一直想："年纪大了，做什么都慢，只好'以勤补拙'了。"1978年后，程俊英任华东师大古籍研究所教授。她不顾年老体弱，认真编写《诗经漫话》《诗经译注》等著作，发表论文多篇，还和蒋见元同志合作，整理了几本古籍。

她心里总是想："我听党的话，也就是听李老师的话。"她勤勤恳恳为党工作，在古稀之年终于实现了自己多年的夙愿，在党旗下庄严宣誓，成为了一名光荣的共产党员。

张乐平冒雨探恩师

> 我一直记得陆老师教我第一次画漫画。
> ——张乐平

著名漫画家张乐平，原名张升，浙江海盐人，毕生从事漫画创作，画笔生涯达60个春秋。他所创作的三毛形象，妇孺皆知，名播海外，他也被誉为"三毛之父"。

张乐平的父亲是位乡村教师。母亲擅长刺绣、剪纸，是张乐平最早的美术启蒙者。小时候教他美术的老师叫陆寅生。

1923年，北洋军阀曹锟用钱拉选票，谁要选他一票给大洋5千元。陆寅生老师就以这件丑闻为题材，指导张乐平画了一幅政治漫画，嘲讽大军阀曹锟。这是张乐平第一次画漫画。这件事一直留在他的记忆中，他也终生不忘自己最尊敬的启蒙老师。

1927年，他在家乡反对军阀、迎接北伐军宣传队作画。1929年开始，张乐平向上海各报纸投稿。20世纪30年代初期，他经常在《时代漫画》等刊物上发表漫画作品，逐渐成为上海漫画界较有影响的一员。

50多年过去了，张乐平已成了著名的漫画大师。他一直惦记自己的老师，千方百计地打听老师的下落。

20世纪80年代初，当他得知陆寅生老师仍健在，便在一个春雨霏霏的早晨，一手提着蛋糕，一手打着雨伞，来到陆寅生老师家拜望。陆老师感到非常奇怪：为什么张乐平漫画大师会来看望他？张乐平对陆老师说："陆老师，我就是当年海盐完小的学生张升啊！"陆老师对眼前这位老人看了又看，连声喊道："像，像他，就是他！"接着他非常激动地说："真想不到我这个《三毛流浪记》的老读者，居然不知道它的作者就是自己的学生。"张乐平也深情地说："我可一直记得陆老师教我第一次画漫画呢！"陆老师更为感动，说："这已是54年前的事了，你还记得，还特意来看我，真是难得啊！"

张乐平年过七旬仍然尊师的故事，也被美术界传为佳话。

魏巍对老师的深情

> 在一个孩子的眼睛里，他的老师是多么慈爱、多么公平、多么伟大的人啊。
>
> ——魏巍

魏巍（1920—2008年），河南郑州人，中国当代著名作家，1937年抗日战争爆发后参加八路军，1938年加入中国共产党。1939年，他开始发表诗歌和散文，主要作品有报告文学集《谁是最可爱的人》，散文杂文集《壮行集》，诗集《黎明风景》《不断集》和长篇小说《东方》等。1950年底，他奔赴朝鲜前线，和中国人民志愿军一起生活、战斗，发表了一批文艺通讯，其中《谁是最可爱的人》在全国引起了广泛影响。从此，"最可爱的人"成了中国人民志愿军的代名词。1978年，他创作完成了以抗美援朝为题材的长篇小说《东方》，并于1982年获首届茅盾文学奖。

魏巍8岁时，在县城新办的"平民小学"读书。在这里，魏巍遇到了一位让他终生难忘的女教师蔡芸芝。

蔡老师十分喜爱自己的学生，从不打骂学生，经常为孩子们安排丰富多彩的课外活动：教学生们跳舞，假日里带学生到自己家或朋友的家里做客，让学生们在园子里观察蜜蜂，增长课外知识，使孩子们的生活充满色彩，身心健康发展。蔡老师还注重培养学生的爱好志趣，常用"歌唱的音调"教学生读一些诗。魏巍就是在她的教育下，开始接受文学、爱好文学的。这些都使魏巍终生难忘，深深地爱戴自己的老师。他在回忆中写道："像这样的老师，学生们怎么会不愿接近她、喜欢她呢！""同学生们见到她就不由得围上去。""即使她写字的时候，也默默地看着她，连她握铅笔的姿势都认真模仿。"

有一件小事，一直深深地埋藏在魏巍的心底。那时候，魏巍的父亲在当兵，好几天没有回来。母亲非常牵挂父亲。魏巍已略略懂了些事，他十分担心父亲。可是一些同学常常在他身边猛喊："哎哟哟，你爹回不来了哟，他吃了炮子啰！"这使魏巍感到十分难过。蔡老师知道这事后，不但批评了那些同学，还写了一封信劝慰魏巍，说他是"心清如水的学生"。这使魏巍幼小的心灵得到了莫大的抚慰。他念念不忘，在回忆中写道："一个老师排除孩子世界的一件小小的纠纷，是多么平常，可是回想起来，那时候我却觉得她给了我莫大的支持。在一个孩子的眼睛里，他的老师是多么慈爱、多么公平、多么伟大的人啊。"这段话，满怀深情地抒发了他对老师的无比崇敬之情。

第三章 尊师好学

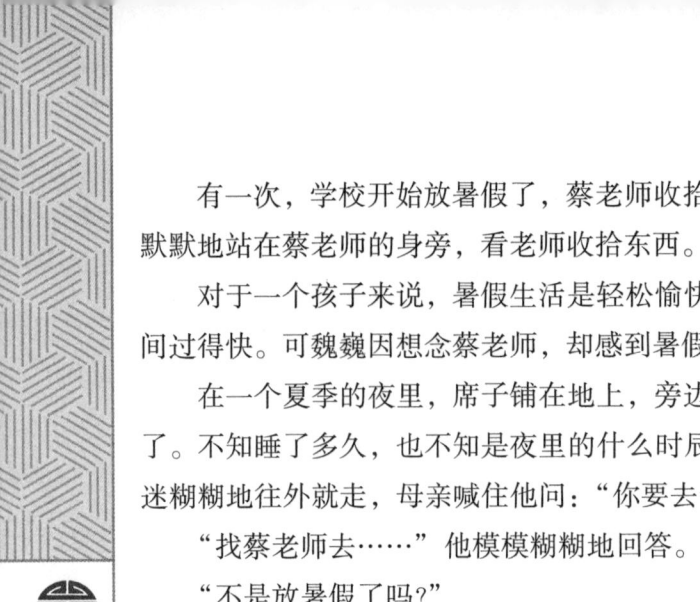

有一次，学校开始放暑假了，蔡老师收拾行装准备回家。魏巍默默地站在蔡老师的身旁，看老师收拾东西。

　　对于一个孩子来说，暑假生活是轻松愉快、欢畅的，总觉得时间过得快。可魏巍因想念蔡老师，却感到暑假是那么地漫长。

　　在一个夏季的夜里，席子铺在地上，旁边燃着蚊香，魏巍睡熟了。不知睡了多久，也不知是夜里的什么时辰，他忽然爬起来，迷迷糊糊地往外就走，母亲喊住他问："你要去干什么？"

　　"找蔡老师去……"他模模糊糊地回答。

　　"不是放暑假了吗？"

　　"哦！"

　　这时魏巍才醒来，看看那块席子，自己已走出六七尺远了。母亲把他拉回来，劝说了一会儿，他才又睡熟了。他是多么想念他的老师啊！

　　魏巍曾这样写道："至今回想起来，我还觉得这是我记忆中的珍宝之一。一个孩子纯真的心，就是那些热恋的人们也难比啊！……什么时候，我能再见一见我的蔡老师呢！"

　　后来魏巍把这些事写成一篇文章——《我的老师》。文章写得情真意切，感人肺腑，充分表达了魏巍对蔡老师的无限热爱和思念之情。

李宁赠金牌

> 少一点预设的期待,那份对人的关怀会更自在。
> ——李宁

第23届洛杉矶奥运会上,男子体操决赛正在紧张地进行着。被称为"体操王子"的中国选手李宁的精彩表演,博得了全场热烈的掌声和欢呼声。"成功了,成功了!"李宁一人夺得了三枚金牌!

李宁兴奋得满脸通红,高高地举起双手,向沸腾的观众表示谢意,然后,他立即向场边的教练张健老师跑去,师生紧紧拥抱在一起,许多观众都为这感人的一幕流下了热泪。

李宁在取得成功后,首先感激的是他的教练张健老师。他心里非常明白,那金光闪闪的奖牌上有张健老师的心血和汗水。

李宁跟着张健老师学习了4年体操。4年来,张健老师费尽心思,根据李宁的特点,设计了一套又一套动作。每套动作设计出来后,他就全力以赴、全神贯注地陪李宁练习,仔细、耐心地纠正李宁的每一个动作,直到两人都满意为止。张健老师为李宁设计的几套"绝招"在世界上是独一无二的。这是李宁屡次夺得世界体操冠军的基石。李宁常说:"我在场上表现出来的一切,都是教练心血的体现。"

1983年第22届世界体操锦标赛,在团体赛最后单杠自选动作

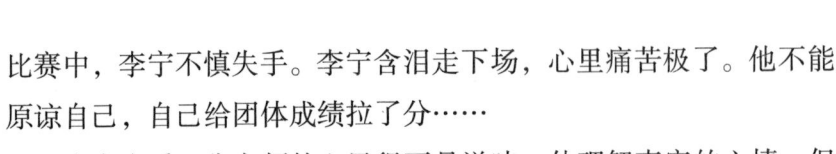

比赛中，李宁不慎失手。李宁含泪走下场，心里痛苦极了。他不能原谅自己，自己给团体成绩拉了分……

李宁失手，张老师的心里很不是滋味，他理解李宁的心情，但不允许李宁这样沮丧。他走到李宁身边，用低沉而有力的声音说："李宁，抬起头来！面对现实，才能奋发崛起！"事后，他又和李宁一起分析了失败的原因，总结了教训。

在张健老师的培养下，李宁不断成长。在他夺得金牌的时候，他首先想到的是老师，永远忘不了自己的老师。

洛杉矶奥运会结束后，李宁把自己夺得的三枚金牌，一枚送给了张健老师，一枚送给了他在广西体操队时的教练梁文杰老师，最后一枚留给自己作为纪念。

陈景润尊师

> 我非常想念王校长，非常感激王校长对我的培养和教育。
>
> ——陈景润

陈景润（1933—1996年），福建福州人，中国著名数学家，厦门大学数学系毕业。1953年至1954年，他在北京四中任教，但因口齿不清，被拒绝上讲台授课，只可批改作业，后被"停职回乡养病"，调回厦门大学任资料员，开始研究数论，同时对组合数学与现代经济管理、科学实验、尖端技术、人类生活的密切关系等问题也作了研究。1956年，陈景润被调入中国科学院数学研究所，1980年当选中科院物理学数学部委员。他研究哥德巴赫猜想和其他数论问题的成就，至今仍然在世界上遥遥领先，被誉为"哥德巴赫猜想第一人"。

1981年4月，厦门大学举行建校60周年的校庆活动。陈景润，这位24年前毕业于该校的数学家，带着母校对的深深思念，带着对曾经培育自己的师长们的深情厚意回到母校参加校庆。

4月5日下午，当列车在厦门站停稳后，只见陈景润从11号车厢走下来，他向欢迎他的人们说的第一句话是："我非常高兴回到母校来。"接着，他又兴奋地说："在厦门大学当学生时的美好情景，是我一生中最难忘和最幸福的时期。我永远不会忘记教过我们的老师，我非常尊敬这些热心教育事业、给我们谆谆教导的老师们，是他们给予我许多指导和帮助。从离开学校到现在，我每时每刻都怀念我亲爱的母校，怀念着教过我的老师。"

厦门大学的老校长王亚南，曾经对陈景润给予了无微不至的关心和爱护。陈景润格外怀念这位已故的老校长。返校第二天，天刚蒙蒙亮，他就来到王亚南校长的家里。一进门，陈景润紧紧握住年已七旬的王师母的双手，无限深情地说："我非常想念王校长，非常感激王校长对我的培养和教育。"王师母拉着他的手慈祥地说："我们在报上看到了你的照片，听到你取得成绩的消息，感到特别亲切。假如王亚南还活着，一定也是很高兴的。"陈景润来到王亚南校长的遗像前，与王师母一起回顾那些令人难忘的关于王校长的往事……临别时，陈景润送给王师母一套珍贵的国画图片。

校庆日后的第二天，陈景润又出现在李文清教授家中，李教授曾经是陈景润向"哥德巴赫猜想"进军的启蒙老师。陈景润非常尊敬和感激他。他说："我到北京后，一直想着老师的培养和教育。

现在搞研究工作，总觉得以前老师的指导和培养是非常重要的，基础是老师帮助我打下的。"他还把最近发表的数学论文交给李教授审阅，并在论文扉页上工工整整地写下："非常感谢老师的长期指导和培养——您的学生陈景润。"

　　后来，他又到方德植教授家拜访。他认真端详着方先生的慈容，一边回忆一边说："那时我见先生头上只有一点白发，不像现在这么多哟……""我看到先生身体这么好，还是很健康，我心里真高兴呀！"师生两人哈哈大笑起来，笑得是那样快活。方教授望着这位已获得突出成就而对教师又如此恭敬的学生，不由得想起这位学生的一件往事：那是 1977 年，方德植教授到北京编写教材，陈景润听说后，立即打电话给方教授，但没联系上。陈景润在时间上是非常吝啬的，可是用来接待老师，他却格外大方。从中关村到方教授家，路上要花一两个小时，他先后五次前去探望。尽管这样，陈景润心里仍觉得不安。当方教授回到厦门大学不久，就接到陈景润寄来的一封道歉信。信中这样写道："从我师到北京这一段时间内，由于各方面的工作很多……生在招待老师方面很不周到，望我师原谅。"为了让年迈的老师看得清楚，陈景润把稿纸上的两格当作一格用，字一笔一画，端端正正，"生"字写得特别小，以表示对老师的敬意。

第四章 教子有方

孟母三迁

> 人皆可以为尧舜。
>
> ——孟子

"孟母三迁"讲的是孟母为了教育儿子成才，注重选择良好的环境，为孟子创造学习条件的故事。

早年，孟子一家居住在城北的乡下，他家附近有一块墓地。墓地里，常常有人在这里送葬。死者的亲人披麻戴孝，哭哭啼啼，吹鼓手吹吹打打，颇为热闹。年幼的孟子模仿力很强，对这些事情感到很新奇，于是他也学着他们的样子，一会儿假装孝子贤孙哭哭啼啼，一会儿装着吹鼓手的样子。他和邻居的孩子嬉游时，也模仿出殡、送葬时的情景，拿着小铁锹挖土刨坑。

孟母一心想使孟子成为好读书、有学问的人，看到儿子的这些怪模样，心里很不好受。她觉得现在的生活环境实在不利于孩子的成长，认为"此非吾所以居处子也"，就决定搬家。

不久，孟母把家搬到城里。战国初期，商业已经相当发达，在一些较大的城市里，既有坐商的店铺，也有远来做生意的行商。孟子居住的那条街十分热闹，有卖杂货的，有做陶器的等。孟子住家的西邻是打铁的，东邻是杀猪的。闹市上人来人往，络绎不绝。商人们高声叫卖，好不热闹。孟子天天在集市上闲逛，对商人的叫卖声最感兴趣，每天都学着他们的样子喊叫喧闹，模仿商人做买卖。孟母觉得家居闹市对孩子也没有好影响，于是又搬家。

这次，孟母把家搬到城东的学宫对面。学宫是国家兴办的教育机构，聚集着许多既有学问又懂礼仪的读书人。学宫里书声琅琅，可把孟子吸引住了。他时常跑到学宫门前张望，有时还看到老师带领学生演习周礼。周礼，就是周朝的一套祭祀、朝拜、来往的礼节仪式。在这种气氛的熏陶下，孟子也跟着学生们一起摇头晃脑地读书，并变得守秩序、懂礼貌起来。不久，孟子就进这所学宫学习礼乐、射御、术数等。孟母非常高兴，就在这儿定居下来了。

孟母为了儿子的成长，竟然接连搬迁，可见孟母深知客观环境对于儿童成长的重要性。常言说："近朱者赤，近墨者黑"，这一点在少年儿童身上体现得更为明显。因此，创造良好的客观环境虽然不是一个人成才的唯一条件，但也是其中必不可少的条件之一。长大以后，孟子既没有选择墨学、道学等曾经显赫一时的学说，也没有成为像苏秦等那样的纵横家，而是选择了儒家学说作为自己毕生奋斗的事业，终于成为一位不为一己之身而谋，舍生取义，只为忧世忧人而谋国、谋天下的"圣人"，这与孟母从小的教育是分不开的。

孟母买肉啖子

> 恭者不侮人，俭者不夺人。
>
> ——孟子

孟母不仅重视客观环境对少年孟子的影响，而且十分注重言传身教，以自己的一言一行、一举一动来启发教育孟子。"买肉啖子"的故事，讲的就是孟母如何以自己的言行，对孟子施以诚实不欺的品德教育的故事。

有一次，邻居家磨刀霍霍，正准备杀猪。孟子见了很好奇，就跑去问母亲："邻居在干什么？"孟母回答说："在杀猪。"孟子又问："杀猪干什么？"孟母听了，笑了笑后随口说道："是给你吃啊。"刚说完这句话，孟母就后悔了，心想："我怀着这个孩子时，席子不正，我不坐；肉割得不正，我不吃。这都是对孩子的胎教呀。如今邻居不是为了孩子杀的猪，我却欺骗了他，这不是在教他说谎吗？"为了证明她没有骗孟子，孟母真的买来了邻居家的猪肉给孟子吃了。

孟母断机教子

> 学而时习之，不亦说乎。
>
> ——孔子

"断机教子"讲的是孟母鼓励孟子读书不要半途而废的故事。

孟子少年读书时，开始时很不用功，还经常逃学。有一次，孟子很早就回来了，此时孟母正坐在织机前织布。她问孟子："你读书学习是为了什么？"孟子回答说："为了自己。"孟母听了又生气又伤心，举起一把刀，一下就把刚刚织好的布割断了，麻线纷纷落在地上。孟子看到母亲把辛辛苦苦才织好的布割断了，心里既害怕又不明白其中的原因。孟母教育孟子说："学习就像织布一样，你不专心读书，荒废学业，就像断了的麻布一样，布断了再也接不起来了。学习如果不时时努力、勤学苦读，就永远也学不到本领。"说到伤心处，孟母呜呜地哭了起来。孟子很受触动，从此以后，他牢牢地记住母亲的话，起早贪黑地刻苦读书。

孟母施教的种种做法，对于孟子的成长及其思想的发展影响极大。良好的环境使孟子很早就受到礼仪风气的熏陶，母亲的言传身教使他养成了诚实不欺的品德和坚韧刻苦的求学精神，为他以后致力于儒家思想的研究和发展打下了坚实而稳固的基础。

司马光爱子教育

> 由俭入奢易，由奢入俭难。
> ——司马光

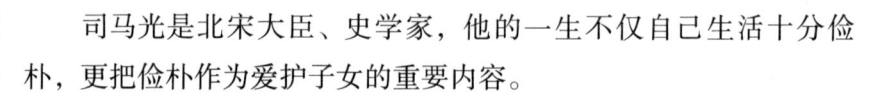

司马光是北宋大臣、史学家，他的一生不仅自己生活十分俭朴，更把俭朴作为爱护子女的重要内容。

据有关史料记载，司马光在工作和生活中都十分注意教育孩子力戒奢侈，谨身节用。为了完成《资治通鉴》这部历史巨著，他不但找来范祖禹、刘恕、刘攽当助手，还要自己的儿子司马康参加这项工作。当看到儿子读书用指甲抓书页时，他非常生气，于是认真地传授了儿子爱护书籍的方法：读书前，先要把书桌擦干净，垫上桌布；读书时，要坐得端端正正；翻书页时，要先用右手拇指的侧面把书页的边缘托起，再用食指轻轻盖住以揭开一页。他教育儿子说：做生意的人要多积蓄一些本钱，读书人就应该好好爱护书籍。为了实现著书立说的理想，他15年始终不懈，经常抱病工作。他的亲朋好友劝他"宜少节烦劳"，他回答说："先王曰，死生命也。"这使儿子深受启迪。

在生活方面，司马光节俭纯朴，"平生衣取蔽寒，食取充腹"，但却"不敢服垢弊以矫俗干名"。他常常教育儿子说："食丰而生奢，阔盛而生侈。"为了使儿子认识到崇尚俭朴的重要，他以家书的体裁写了一篇论俭约的文章。在文章中，他强烈反对生活奢靡，极力提倡节俭朴实。

在文中他明确指出：其一，不满于奢靡陋习。他说，古人以俭约为美德，今人以俭约而遭讥笑，实在是要不得的。他又说，近几年来，风俗颓弊，讲排场，摆阔气，当差的走卒穿的衣服和士人的差不多，下地的农夫脚上也穿着丝鞋。为了酬宾会友常"数月营聚"，大操大办。他非常痛恶这种奢靡陋习，为此，他慨叹道："风俗颓弊如是，居位者虽不能禁，忍助之乎！"其二，提倡节俭美德。司马光赞扬了宋真宗、仁宗时李沆、鲁宗道和张文节等官员的俭约作风，并引"由俭入奢易，由奢入俭难"，告诫儿子这句至理名言是"大贤之深谋远虑，岂庸人所及哉"。接着，他又引春秋时鲁国大夫御孙说的话："俭，德之共（通'洪'，大）也；侈，恶之大也。"接着，他对道德和俭约的关系作了辩证而详尽的解释。他说："言有德者皆由俭来也。夫俭则寡欲。君子寡欲，则不役于物，可以直道而行；小人寡欲，则能谨身节用，远罪丰家。"反之，"侈则多欲。君子多欲则贪慕富贵，枉道速祸；小人多欲则多求妄用，败家丧身"。其三，教子力戒奢侈以齐家。司马光为了教育儿子警惕奢侈的祸害，常常详细列举史事以为鉴戒。他说："何曾日食万钱，至孙以骄溢倾家；石崇以奢靡夸人，卒以此死东市。近世寇莱公（寇准）豪侈冠一时，然以功业大，人莫之非，子孙习其家风，今多穷困。"

司马光还不断告诫孩子，读书要认真，工作要踏实，生活要俭朴，表面上看来都不是经国大事，然而，实质上是兴家繁国之基业。正是这些道德品质，才能修身、齐家，乃至治国、平天下。司马光关于"由俭入奢易，由奢入俭难"的警句，已成为世人传诵的名言。在他的教育下，儿子司马康从小就懂得俭朴的重要性，并以

教子有方 第四章

俭朴自律。他历任校书郎、著作佐郎兼侍讲，也以博古通今、为人廉洁和生活俭朴而称誉于后世。

曾国藩教子的故事

> 用殴打来教育孩子，不过和类人猿教养它的后代相类似。
>
> ——马卡连柯

曾国藩（1811—1872年），清末湘军首领。他权管四省，位列三公，拜相封侯，谥称"文正"。他的儿子可算得上是"正牌高干子弟"了。然而，儿子曾纪泽和曾纪鸿都没有变成"衙内"和"大少爷"。曾纪泽诗文书画俱佳，又自学英文，成为清朝的著名外交家；曾纪鸿不幸早逝，生前研究古算学亦取得相当成就。曾国藩的孙辈还出了曾广钧这样的诗人，曾孙辈又出了曾宝荪、曾约农这样的教育家和学者。这是什么原因呢？原因就在于曾国藩教子有方，"爱之心以其道"。

他不为子女谋求任何特殊化、教儿节俭创业这两件事，就可令人们深思一番。

咸丰六年（1856年）十一月五日，他给曾纪泽写了一封信。信中说："世家子弟，最易犯一'奢'字、'傲'字。不必锦衣玉食而后谓之奢也，但使皮袍呢褂俯拾即是，与马仆从习惯为常，此即日趋于奢矣。见乡人则嗤其朴陋，见雇工则颐指气使，此即日习于傲矣。……京师子弟之坏，未有不由于'奢''傲'二字者……尔与诸弟其戒之，至嘱至嘱！"

同治元年（1862年）五月二十七日，他又给曾纪鸿写信说："凡世家子弟，衣食起居无一不与寒士相同，庶可以成大器；若沾染富贵习气，则难望有成。"

同治三年（1864年）七月，曾国藩受封侯爵。此时曾纪鸿正赴长沙考试，曾国藩特别写信告诫："尔在外以'谦''谨'二字为主，世家子弟，门第过盛，万目所瞩。……场前不可与州县往来，不可送条子，进身自始，务知自重。"

他对女儿也同样严格。咸丰十一年（1861年）八月二十四日，他在致女儿的信中说："衣服不宜多制，尤其不宜大镶大缘，过于绚烂。"

他还告诫儿女、家眷："今家中境地虽渐宽裕，且有福不可享尽，有势不可使尽。勤字工夫，第一贵早起，第二贵有恒。俭字工夫，第一莫着华丽衣服，第二莫多用仆婢雇工。凡将相无种，圣贤豪杰亦无种，只要肯立志，都可以做得到的。"

他还要求："吾家男子于看、读、写、作四字缺一不可。女子于衣、食、粗、细四字缺一不可。家勤则兴，人勤则健；能勤能俭，永不贫贱。"

梁启超对孩子的爱护

> 人生百年，立于幼学。
>
> ——梁启超

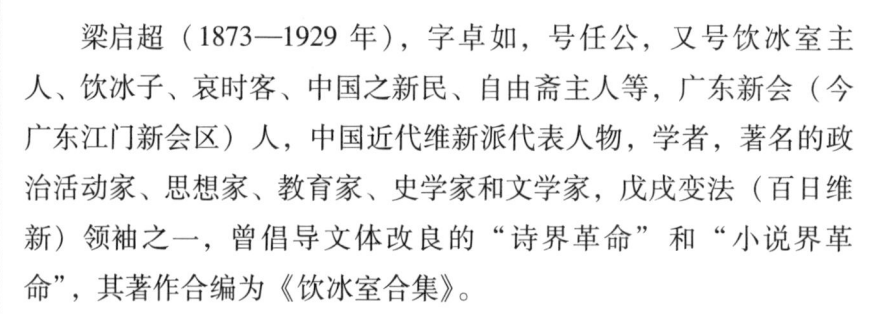

梁启超（1873—1929年），字卓如，号任公，又号饮冰室主人、饮冰子、哀时客、中国之新民、自由斋主人等，广东新会（今广东江门新会区）人，中国近代维新派代表人物，学者，著名的政治活动家、思想家、教育家、史学家和文学家，戊戌变法（百日维新）领袖之一，曾倡导文体改良的"诗界革命"和"小说界革命"，其著作合编为《饮冰室合集》。

在对子女的教育方面，梁启超堪称极其成功者。他有9个子女（5子4女），在他的教育下，个个道德高尚，才华出众，具有爱国主义精神，后来都成为对祖国有杰出贡献的杰出人才。

梁启超很重视对子女进行道德品质方面的教育，并注重言传身教。他从小就要求孩子们一定要艰苦朴素，在艰苦的环境中锻炼自己。他说："生当乱世，要吃得苦，才能站得住，一个人在物质上的享用，只要能维持着生命便够了，至于快乐与否，全不是物质上可以支配。能在困苦中求得快活，才真是会打算盘哩。"他教育子女们要热爱生活，适应环境。

梁启超的次子梁思永，曾在美国哈佛大学攻读考古学和人类学。1930年，他学成回国，当时国内正战火不断。他在十分艰苦的条件下，长期从事考古工作，曾主持山东章丘龙山镇和河南安阳后冈、西北冈等重要发掘，并首先确定仰韶文化、龙山文化和商文化的相对年代，对中国考古事业的发展，特别是新石器时代和商代考古有重要的贡献。梁启超的四女梁思宁，在南开大学读一年级时，因日机轰炸而失学。后来，她抱着满腔的爱国热忱投奔新四军，奔赴抗日前线。梁启超的幼子梁思礼，1924年才出生。当他5岁时，梁启超就去世了。他17岁赴美求学，边打工边读书，在饭馆里洗碗碟，在游泳池当救生员，什么都干，苦读8年，终于获博士学位。回国后，他从事电子科学研究工作，是我国著名的火箭专家，曾获国家科技进步特等奖，并当选为国际宇航科学院院士。

梁启超在家庭教育中很注意引导孩子们追求知识的兴趣，培养他们好学深思的习惯。他很尊重孩子们的个性和志趣，注重根据每个孩子的特点因材施教，并以平等商量的方法设想每个孩子的发展方向。

在治学方法上，梁启超要求每个儿女既要专精又要广博。他在与子女的谈话及通信中指出："思成所学太专门了，我希望你趁毕业后一两年，分出点光阴多学些常识，选一两样关于自己娱乐的学问，如音乐、文学、美术等。我怕你因所学太专门之故，把生活也弄成近于单调，太单调的生活容易厌倦，厌倦即为苦恼，乃至堕落之根源。"他以自己为例说："我生平趣味极多，而对于自己所做的事，总是津津有味，什么悲观咧，厌世咧，这种字句，我所用的字典里头可以说完全没有。"他要求次女梁思庄"在专门学科之外，还要选一两种关于自己娱乐的学问"。他对梁思成说："做学问总要'猛火熬'和'慢火炖'两种工作，循环交互着用去，在慢火炖时才能令所熬的起消化作用，融洽而实有诸己。"

梁启超不断鼓励孩子们战胜学业上的困难，继续前进，要效法

古人"读万卷书,行万里路"的治学精神,同时也要培养和提高自己的实践能力。当学建筑的梁思成在美国完成学业之后,梁启超要他到欧洲考察一二年,再结合对中国古建筑的考察研究以形成自己的学问。

在梁启超的谆谆教导下,9个子女都成就斐然,他们学贯中西,默默奉献。

鲁迅的爱子艺术

> 近世对于儿童教育最伟大的人物,我第一个推崇鲁迅先生。
>
> ——柳亚子

鲁迅(1881—1936年),我国著名的大文豪,原名周樟寿,后改名为周树人,字豫山,后又改为豫才,浙江绍兴人。他时常穿一件朴素的中式长衫,浓密的胡须形成了一个隶书的"一"字。毛主席评价他是伟大的无产阶级文学家、思想家、革命家。

鲁迅出生在浙江绍兴城内。他幼年丧父,生活寒苦,就靠母亲和姐姐帮人洗衣服维持生计。在1918年5月,他首次以"鲁迅"作笔名,发表了中国文学史上第一篇白话小说《狂人日记》。

鲁迅是文化革命的闯将,因他擅写杂文,嬉笑怒骂皆成文章。鲁迅既有"横眉冷对千夫指"的一面,也有"俯首甘为孺子牛"

的一面。在家庭中，他便是一位慈爱的父亲。且看他1932年一首题为《答客诮》的诗：

无情未必真豪杰，怜子如何不丈夫。
知否兴风狂啸者，回眸时看小於菟。

这首诗用"於菟"即老虎也懂得爱子作比喻，说明英雄豪杰也应懂得怜家爱子，从而生动地表达了自己爱孩子的深厚感情。

1929年9月，鲁迅与许广平的儿子出生，此时鲁迅已年近半百。他晚年得子，自然喜爱万分，为儿子取名"海婴"。为什么要起这个名字呢？鲁迅说："因为是在上海生的，是个婴儿。这名字读起来颇悦耳，字也通俗，却绝不会雷同。古时候的男人也有用婴字的。如果他大起来不高兴这名字，随便改过也可以。横竖我自己也是另起名字的。这个暂时用用也还好。"

鲁迅对海婴倾注了全部的父爱。每天深夜12时至凌晨2时，他一定要轻轻上楼，察看海婴的睡眠情况。如果小家伙把棉被蹬飞了，他就细心替他盖好。孩子睡足之后，他就逗孩子玩。孩子倦了，他就把孩子抱在自己的手臂上，在房间里来回走动，哼着催眠曲，用轻柔动听的儿歌，把海婴送进梦乡。海婴病了，鲁迅更是彻夜守护。正如许广平所说的："他是尽了很大的力量，努力分担那可能范围里的为父之责的。"

海婴渐渐长大了，鲁迅就有选择地带他去看电影。凡是有益于儿童身心健康的，如《泰山之子》《米老鼠》及世界风光类的影片，鲁迅都带他去观看。一次，吃晚饭时，海婴听说饮誉世界的海京伯马戏团到上海演出，高兴得手舞足蹈。但鲁迅考虑到马戏团大多为猛兽表演，且在深夜临睡前，怕海婴受到惊吓，没有带他去看。海婴为此嚎啕大哭了一场。鲁迅知道海婴很难过，第二天便耐

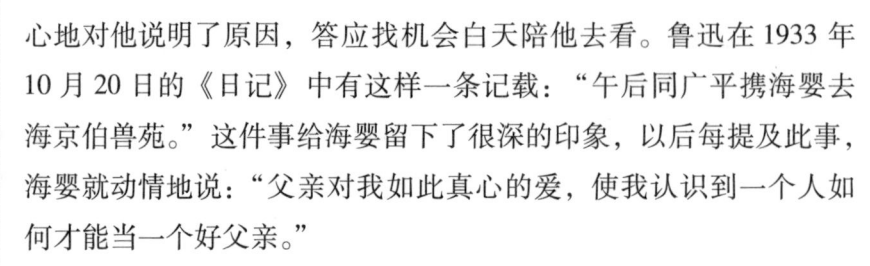

心地对他说明了原因,答应找机会白天陪他去看。鲁迅在1933年10月20日的《日记》中有这样一条记载:"午后同广平携海婴去海京伯兽苑。"这件事给海婴留下了很深的印象,以后每提及此事,海婴就动情地说:"父亲对我如此真心的爱,使我认识到一个人如何才能当一个好父亲。"

鲁迅不仅喜爱孩子,而且理解孩子,重视教育孩子。他曾经在《我们现在怎样做父亲》一文中这样写道:"自己背着因袭的重担,肩住了黑暗的闸门,放他们到宽阔光明的地方去,此后幸福地度日,合理地做人。"他把儿童看作民族的未来,国家的希望,竭力反对两种沿袭的错误教育方法:一种是粗暴压服的方法,对儿童非打即骂,使得儿童从小唯唯诺诺,低声下气,思想愚钝,目光呆滞,父母却美其名曰"听话",自以为是教育的成功,其实这类孩子长大以后,"如暂出樊笼的小禽,他决不会飞鸣,也不会跳跃"。另一种是娇生惯养的方法,任其跋扈,放任不管,使儿童在家里成了"小霸王",要什么给什么,待到将来走到社会,"便如失了网的蜘蛛一般,立刻毫无能力"。

鲁迅提倡,对儿童要了解他们的心灵世界,懂得他们的兴趣和喜好。他曾经说:"孩子的世界,与成人截然不同;倘不先行理解,一味蛮做,便有碍于孩子的发展。"有一天,鲁迅在家里请朋友吃饭,桌上摆了一盘鱼丸子,海婴面前也放了一小碟。他夹了一个尝尝,觉得味道不新鲜,就嚷菜坏了。大家从大盘中拣来尝了尝,都说是新鲜的,以为是孩子瞎嚷,就不去理他。但鲁迅却认真地对待孩子的意见,把海婴碟子里的拣来尝了尝,果然味道变了,赶紧吐了出来。鲁迅说:"孩子说不新鲜,一定有他的道理,不加以查看就抹杀是不对的。"

鲁迅认为,对儿童要循循善诱,教给他们文化知识,使他们明辨事理。儿童天真活泼,喜欢游戏,有爱美的天性,大人要注意发展儿童的想象力和求知欲。他曾经说过:"孩子是可以信服的,他常常想到星月以上的境界,想到地面以下的情形,想到花卉的用处,想到昆虫的语言,他想飞上天空,他想潜入蚁穴……"因此,对孩子们提出的问题,鲁迅总是不厌其烦地给予解答。

有一天,海婴问鲁迅:"爸爸,你们是谁养出来的?"

"是爸爸妈妈的爸爸妈妈养出来的。"

"爸爸妈妈的爸爸妈妈,一直到从前,最早的时候,人是哪里来的?"

这追溯到物种起源的问题,鲁迅便告诉他是从单细胞来的。但是海婴还是刨根问底:"没有单细胞的时候,所有的东西又是从什么地方来的?"

这问题不是几句话可以回答得了的,而且也不是五六岁的孩子所能理解的。为了不使孩子失望,鲁迅还是耐心地告诉他:"等你大一点读书了,先生会告诉你的。"

鲁迅是著名的文学家,他的小说和文章闻名中外,但他并不要求自己的孩子继承父业,而是"顺其自然",并告诫孩子"万不可去做空头文学家或美术家"。

鲁迅曾经指出:"游戏是儿童最正当的行为,玩具是儿童的天使。"鲁迅就是从孩子摆弄玩具中,根据儿童的特点,引导、发展他们的兴趣爱好,促使其健康成才的。

鲁迅发现海婴从小对理工知识有兴趣,便给海婴买来一套木工工具的玩具。小海婴捧如至宝,常常用它敲敲打打,那认真的神态,俨然像一个小工程师在盖房子。鲁迅还常常带海婴到郊外去玩,欣赏清清的河水,鲜艳的野花,嫩绿的庄稼,追逐漂亮的蝴蝶,捕捉有趣的昆虫。野外的新鲜空气,滋润着海婴稚嫩的心田。

一次,鲁迅好友瞿秋白(当时化名何凝),送海婴一套苏联儿童玩具,这是一种类似积木的铁制玩具,有上百个金属零件,可以

组装出各种各样的玩意儿，小到简单的翘翘板，大到复杂的起重机、飞机等。瞿秋白的夫人杨之华在玩具盒上用娟秀的笔体，写明一共有多少零件，如何玩法。鲁迅和许广平慎重地对小海婴说："这是何叔叔、何叔母从苏联带给你的，你可要格外爱惜。"小海婴迷上了"积铁"，一玩就是半天。他由玩"积铁"开始，迷上了理工技术，小小年纪就能拆钟、修锁、装矿石收音机了。

丁玲母亲的爱子经验

教育技巧的全部奥秘就在于如何爱护儿童。

——苏霍姆林斯基

丁玲的母亲蒋胜眉，原名余曼贞，字慕唐。1911年，她在常德女子师范和长沙稻田第一女子师范学校读了两年书后，回到常德女子小学担任学监。刚毅、自强的蒋胜眉对女儿从不娇宠溺爱。她十分重视对孩子的教育，亲自教女儿读《古文观止》《论语》《孟子》等书。在母亲的影响下，丁玲从小博览群书，打下了深厚的文学基础。

1918年夏，14岁的丁玲以优异成绩从小学毕业。暑假中，母亲送她到桃源县报考第二女子师范学校。那时，学校要学生缴纳保证金，母亲没钱，留下一枚戒指托女管理员变卖。那位女管理员将戒指卖了后，把交保证金后余下的两元多钱交给丁玲，说："你妈妈生活很艰苦，这钱可不能乱花。"丁玲拿着钱，想着这些年来母女俩的艰苦生活，眼眶都红了。她小心地把钱放在小木箱里，用换洗衣服压着，一直没舍得花，到寒假回常德时才用了几角钱做路费。

正当学期快结束时，五四运动爆发了。同学们上街游行，丁玲也加入了这场斗争。她从小受母亲的思想影响，带头把发辫剪了。学生会还办了贫民夜校，向附近贫苦妇女宣传反帝反封建，给她们上识字课，丁玲在夜校教珠算。

暑假回到家，舅妈一看见她剪了发，冷冷地说："身体发肤，受之父母，不可毁伤。"丁玲不客气地回答："既然不可毁伤，你的耳朵为何要穿眼？你的脚为什么要变得像个粽子？你那是束缚，我这是解放。"

丁玲高兴地向母亲讲述学校的各种新鲜事。母亲看见女儿在思想上、功课上都有进步，也非常欣慰。母亲告诉女儿，在五四运动中，她领着学生游行、喊口号，也参加各种活动，并且已经辞去省立女子高小管理员职位，专办妇女俭德会附属小学。眼下她除了继续办小学以外，又在东门外为贫苦女孩办了一个小小的"工读互助团"，学生可以不交学费学文化，还可以得到点工钱帮补家庭。母亲受向警予寄来的书信文章的激励，常阅读《新青年》等进步书刊，积极参加社会工作。看到母亲虽已四十多岁，却仍然热情洋溢，精神饱满，公而忘私，向往未来，丁玲心中感到高兴。

暑假过后，丁玲向母亲提出希望转学到长沙周南女子中学去。这所女子中学是湖南有名的学校，向警予、蔡畅都是这所学校出来的。五四运动期间，这所学校也很活跃。母亲始终是信任和支持女儿的，只是这所学校是私立的，要学费、膳宿费、书籍纸张费等，这对只有微薄薪金的母亲自然是笔不小的支出。但是母亲考虑女儿的前途，仍然答应了她，并亲自送她去长沙。丁玲在周南读完二年级，因不堪校长阻碍学生参加社会活动，又转学到岳云中学。

1922年春节，丁玲应王剑虹之约准备去陈独秀、李达等创办的上海平民女校学习，舅舅出面粗暴干涉，他要求丁玲再过半年毕业后与表哥结婚。母亲却支持女儿，她认为孩子求知识，找出路，要学最切实的学问，是正确的。为此，家庭内闹了一场纠纷。最终，丁玲摆脱了包办婚约等的束缚，于1922年春天来到上海，在这里接受了中国共产党的教育。她把名字改为冰之，废姓以蔑视传统意识。

1923年暑假，丁玲在上海见到了向警予。向警予同丁玲谈起她母亲时说："你母亲是一个非凡的人，是一个有理想、有毅力的妇女。她非常困苦，为环境所固，不容易有大的作为，她是把全部希望寄托在你身上的。"向警予的这一番话，深深地打动了丁玲的心，始终激励着她奋发向上。

李烈钧将军教子故事

> 无情未必真豪杰，怜子如何不丈夫。
>
> ——鲁迅

李烈钧将军是辛亥革命的参与者，民国初年当过江西都督，"讨袁"时任过五省联军总司令，曾经慷慨高呼："宁做自由鬼，不做专制奴。"后来，他当过孙中山先生广东军政府和大元帅府的参谋总长,北伐军滇、黔、赣联军总司令等。李烈钧为人正直,严以律己,曾为推翻封建帝制、建立民主共和、促进南北统一和团结抗日作出了卓越的贡献。

李烈钧戎马征战,公务繁忙,但并未放松家教,他对儿子从小管教很严。儿子们年幼时,李烈钧让他们都剃平顶头,每天晚上临睡前,要他们排着队,挨个儿在父母面前背诵庭训:"一点点好事都要做,一点点坏事都不能做""子孙不如我,要钱做什么。子孙强于我,要钱做什么!"这些庭训,都是平时李烈钧教训儿子们的警言,每天让儿子在父母面前认真严肃地背诵一遍,晓以大理,无疑起着强化作用。而且,背庭训时那种严肃的气氛本身,也能使孩子们体会到,只有心口相符,言行一致,才不会辜负父母的期望。

邓稼先尊父爱女

> 问君何能尔,心远地自偏。
>
> ——陶渊明

我国著名核物理学家,原子弹的开拓者和奠基者之一,1999年中共中央、国务院、中央军委"两弹一星"元勋奖获得者邓稼先是在中西合璧的家庭里接受教育成长起来的。父亲凛然的民族气节,对儿子的郑重嘱托,严格不失慈爱、正统不失活泼的教育,给邓稼先提供了一块成长的沃土,使他像一棵茁壮的树木直参蓝天。值得一提的是，邓稼先自己也是一位成功的父亲——他用自己有力的双手，托起了女儿事业上的一片蓝天。

邓稼先于1924年6月25日生于安徽省怀宁县白麟坂已有二百多年历史的邓石如的宅第，是邓石如的六世孙。

邓石如是清代篆刻家、书法家，号"完白山人"。宅第是典型的南方木结构房屋，房内挂满古色古香的名家字画。现在，这里作为清代文物景点之一供人参观，而邓石如的部分墨宝也被珍藏在故宫博物院及安徽博物院。

在这灵山秀水、文墨濡染的环境中出生的邓稼先，几个月大时由温顺善良、勤俭贤惠的母亲王淑蠲带着从老家到了父亲工作的北平。北平是精华集萃的经济文化中心。这时，少年时代在老家读诗文、画山水，后赴美国哥伦比亚大学攻读美学和美术史的父亲邓以蛰，已是清华大学教授了。他在北京的家不算考究，但院子宽敞：种有古朴苍劲的龙槐爪和清香宜人的丁香。这里是邓稼先幼年玩耍成长的天堂。

邓稼先5岁时在家附近的武定侯胡同小学读一年级。课余，父亲命他去陆老先生家馆中借读，特请老先生教孩子们读《左传》《论语》《诗经》《尔雅》。课余，父亲还让邓稼先背诵古书给他听。这使父亲的挚友张奚若不解：受过欧美文化熏陶的好友居然让孩子背这些东西！于是张奚若对邓稼先的父亲说："现在是什么时候了，你还让孩子读这些东西？"父亲笑着说："我不过是让孩子知道一下中国文化里有些什么东西，这是有好处的。"这时邓稼先猛然发觉穿蓝色中式短裤的父亲的眼神已由原先的严肃化为了慈祥。

学贯中西的邓以蛰浓厚的儒家学者气质中带着一种翩翩的西洋风度。他不但让儿子念"四书""五经"，同时还将外国名著介绍给儿子，对儿子的英语教育尤其严格，亲自当启蒙老师，指导正确学习方法。他要求严格，但不用孔孟伦常的严规厉矩束缚孩子心性。空闲时，他和儿子下棋、放风筝，像朋友似的谈天说地。他的心时刻在孩子身上，连出访意、英、法等6国时还写信与夫人谈教育："我们是小孩子们亲爱的父母，而不是他们的阎王……"

1935年，邓稼先考入志成中学，认识了高他二级的杨振宁，在杨振宁的影响下对数学和物理产生了兴趣。父亲见邓稼先喜欢，便请老师教他。邓稼先呢，常常做题到深夜。第二天母亲见稿纸一地，便理齐交给他。

当邓稼先对人生与社会刚有认识之时，却碰上1937年的七七事变，日寇入侵打乱了他平静的读书生活。强烈的民族屈辱感激荡着他的心。他和同学集会，讨论国家前途。

日本侵略者一旦占领中国某地，便强迫学生拿着小旗庆祝。邓稼先对此怒火填膺，气愤之下三两下将旗帜撕烂，掷在路旁。当晚校长来说："日本人在查，很快会有人告发。你还是让孩子尽早离开北平吧！"父亲觉得为了安全也只能这样。母亲为儿子准备了行装。临行，一直看着墙上挂着的《完白山人放鹤图》的父亲缓缓将目光移到邓稼先身上，以一种他从没见过的目光久久地注视着他："稼先，我只有一句话，以后你一定要学科学……学科学对国家有用！"这句话邓稼先牢牢地记住了，并在多年以后，成为国家科学事业的中流砥柱，建立了不可磨灭的功勋。

翌日，邓稼先南下经上海、香港到河内，再辗转到了昆明。邓稼先在逃亡中读完了中学，1941年考上西南联大物理系，1948年10月赴美，成为普渡大学物理系研究生。

1950年，邓稼先拿到博士学位，此时新中国已成立，他决定立刻回国将自己的才华献给祖国。回国后，他在中科院原子能研究所一干就是8年，后经钱三强点将，于1958年调入第二机械工业部任九院理论部主任，开始了长达28年研制核武器的漫长历程。

1962年，他领导起草第一颗原子弹理论方案，参与、指导核试

验爆炸模拟试验，探索氢弹设计原理。原子弹成功后，他又致力于核武器的实战化、高性能小型化研究。

由于长期在大西北原子弹基地做研究，他与家人长年分开。1977年恢复高考时，在内蒙插队，后返京在箱子厂当了4年工人的邓稼先的女儿典典，没学过物理，连牛顿定律都不知道。在短时间内补习中学课程，连老师都说无法补。刚好因工作需在京3个月的邓稼先于是亲自上阵。

当时教科书已买不到，只在旧书摊淘来一本半文言的书。邓稼先令女儿下班回家吃完饭马上睡觉，到夜晚11点起来，然后他给女儿补数学、物理到凌晨二三点。父女拼命3个月，一步跨过5年的课程。一次大院放电影，典典心烦，说："这么吵，还怎么复习？"邓稼先便念："结庐在人境，而无车马喧。问君何能尔，心远地自偏。"典典就渐渐安定下来。在邓稼先的亲自教导下，原本只有小学文化的女儿成功考上了大学。1985年，典典去美国读研究生。

由于殚精竭虑，再加上受核幅射影响，邓稼先患了癌症。在生命的最后时刻，他还挣扎着给中共中央写了建议书，写好后颤抖着手交给妻子让她转交，并叮嘱："它比你的命更重要！"1986年7月29日，这位伟大的国家功勋和优秀的父亲溘然而逝。

画家李苦禅的教子故事

> 必须拿出父母全部的爱、全部的智慧和所有的才能，才能培养出伟大的人来。
>
> ——马卡连柯

李苦禅（1899—1983年），名英，字苦禅，山东高唐人。1922年，他考入北平艺术专科学校西画系学习西画，不久，他为艺术大师齐白石知遇，欣纳门下，开始学习中国画。毕业后，他曾先后在北京师范学校、杭州艺术专科学校任教。中华人民共和国成立后，他历任中央美术学院教授，中国人民政治协商会议第五届、第六届全国委员会委员等。他一生从事美术创作和美术教育六十余载，其花鸟大写意画具有特色，吸取石涛、八大山人、扬州画派、吴昌硕、齐白石等前辈技法，其国画如著名的《松鹰图》《育鸡图》《盛夏图》等，笔法大气，气势磅礴，形神兼备，是国画史中不可多得的精品。

李燕子承父业，也迷上了绘画，李苦禅便经常对儿子说："人，必先有人格，尔后才有画格；人无品格，下笔无方。秦桧并非无才，他书法相当不错，只因人格恶劣，遂令百代世人切齿痛恨，见其手迹无不撕碎如厕或立时焚之。据说留其书不祥，会招祸殃，实则是憎恶其人，自不会美其作品了。"

李苦禅自己说到做到，率先示范。1937年北京沦陷了，伪"新民会"妄图拉拢社会名流为其装点门面，派人来请李苦禅"出山"："您要是答应了，有您的官做，后头跟个挎匣子（枪）的，比县长还神气哩！"李苦禅不为所动，断然拒绝。此后，他断然辞去教学职务，以卖画为生，并参与中共领导的抗战活动。

　　父亲的言行，儿子看在眼里，听在耳里，记在心里，化为行动。

　　李苦禅教育儿子，从艺不是就事论事，而是"先苦其心志，劳其筋骨，饿其体肤"。他对儿子说："干艺术是苦事，喜欢养尊处优不行。古来多少有成就的文化人都是穷出身。怕苦，是出不来的。"接着，他结合自己从艺的过程，说："我有个好条件——出身苦，又不怕苦。当年，我每每出去画画，一画就是一整天，带块干粮，再向老农要根大葱，就算一顿饭啦！"在父亲的教导下，李燕不怕风吹日晒，不畏爬山涉水，长期坚持野外写生。

　　1980年，李苦禅父子赴香港举办"李苦禅、李燕父子书画展"。据传在宴会上，盛情的主人问李苦禅："您老喜欢用点什么？"他笑着说："我是——有腿的不吃板凳，有翅的不吃飞机。""客气啦！请点菜嘛！"主人把菜谱递给他。"我会点什么？我是挤混合面儿、杂合面儿（旧时的一种劣等粮）过来的，会点什么！"

　　对李燕用的速写工具，李苦禅要求越简便越好。李燕理解父亲的用心，用铁窗纱钉在木框上，边上系一个塑料小墨盒（筒形），再钉上一叠毛边线，随画随翻。李若禅看了后感到很满意，说"又轻便，又实用，而且便宜"。李苦禅对工作、生活条件要求不高，但对艺术却精益求精，一丝不苟。

　　李苦禅要求儿子"画自己的东西，创自己的笔墨"，自成风格。他还讲了这样一个故事：从前，有两个道士看见一个盲人老头从南边走来，路中间有块大石头挡着。一个道士说："老头，从左边绕

118

过来！"另一个道士则说："老头，从右边绕过来！"老头却一下子从石头上蹦过来了。说完故事，李苦禅说："作画就要这样，'画思当如天岸马，画家常似人中龙'。画画不可人云亦云，落入前人窠臼。"

李苦禅的这种教子方法是高明的。跟着父辈的足迹前进，虽说便捷、安全，但却是一种不成大器的方法，只有让晚辈走自己的路，画自己的东西，才能独树一帜，有所成就。

何香凝对廖承志的爱护

> 我望着摇篮，我的儿子在成长，我没有休息的权利！
>
> ——何塞·马蒂

在中国近现代史上，廖承志的母亲何香凝女士是一位受人敬仰的杰出女性。毛泽东曾高度赞誉她"为中华民族树立模范"。她曾是孙中山的战友，又始终是中国共产党人的朋友，在协助丈夫廖仲恺斗争多年后，还鼓励廖承志、廖梦醒都投身到中国共产党领导的革命队伍。她自己奋斗的一生也成为妇女解放运动中的光辉典范。

何香凝，1878年6月出身于香港富商之家。1902年，23岁的她为寻找救国真理，继丈夫之后到日本留学。何香凝早年曾学习传统中国画，1908年入东京本乡女子美术学校学习彩画、临画、写生等课程，同时向日本帝室画师田中赖章学习画狮、虎等动物画。1910年，何香凝从日本归国后辗转于港、沪及日本之间，为革命奔波，曾任国民党中央执行委员、妇女部长、中央委员等职。

儿子廖承志生下来的时候又肥又壮，虎头虎脑，于是何香凝和丈夫给他起了一个小名：肥仔。廖承志出生后不久，父母就开始了漂泊无定的流亡生涯。

多年来，何香凝以卖画换得"买米钱"，她署名"双清楼主"的作品名扬海内外。她在日本美术学校时就得到名师辅导，后来又长年潜心于水墨丹青，还常与国内大师切磋。何香凝的绘画作品讲究立意，常借描绘松、梅、竹、狮、虎及山川等，抒情明志。直至八十多岁，她仍在家中作画，且功力不减。在她那些充满斗争之意的作品中，不仅记录了20世纪初以来社会政治的变幻风云，同时也是她70年革命生涯和高尚品格的生动写照。

廖承志从小受母亲熏陶，也喜爱绘画。何香凝作画时，他专心守候在母亲身旁，一边研墨，一边琢磨。有时实在忍不住，他就提笔画起小人像来。虽然笔法稚嫩，但人物却栩栩如生。当发现儿子的特长后，何香凝十分惊喜，决心把儿子的绘画天分好好发挥出来。于是，每当她完成一幅画作后，就要求儿子补画一个"小娃儿"。在母亲的精心指导下，廖承志的绘画技艺进步很快，不论素描、国画、漫画，无不得心应手。

更重要的是，何香凝不但教廖承志如何画画，还熏陶他高尚的画品和人品。何香凝一生为革命所做的一切，以及表现出来的卓尔不群的品格，给廖承志带来了巨大的影响。在母亲崇高情操的浸染下，廖承志在长期的革命斗争中，一方面勇敢与敌人周旋，一方面用画笔表达自己的情感。

从廖承志的身上，人们看到了一个革命者顽强的意志和不同凡响的品格。这一切和何香凝在面对逆境时所表现出来的正气与人格品质有着惊人的相似。

廖承志不但秉承了母亲的画品和人品,就连母子俩对于蒋介石的态度,都有着一脉相承的坚决。有一次,廖承志被特务抓捕并解送到重庆,蒋介石以"世伯"身份面见,并劝说:"如果放了你,想留你在我身边,怎么样?"廖承志却当面痛斥蒋介石背叛了孙中山先生的事业。他刚正不阿、正义凛然的精神深受人们的敬佩。

他的一生,和母亲何香凝一样,为革命事业和民族振兴,鞠躬尽瘁、死而后已。

缪印堂的漫画与他父母

> 既然是自己选择的,就不要后悔。
>
> ——缪印堂

著名的漫画大师缪印堂先生的漫画作品曾在10多个国家展出;他的科技漫画曾多次在国外获奖;他著书立说,被作为名人列入《国际名人传词典》。几十年来,在漫画世界里,他以醉心的兴趣和创新的精神打造着他那一份其乐无穷的事业。他感激地说:"是父母的支持成就了我这份其乐无穷的事业。"

缪印堂,1935年出生在江苏南京,他的父母都是做生意的,他们懂得一个最朴实的教育道理,那就是千万别让孩子学坏,一旦学坏就很难管教了。

缪家父母性情开朗乐观，无论白天多么劳累，晚上一家人总是喜欢围在一起说说话，讲一些健康的笑话、俚语、谚语，讲一些幽默诙谐的故事和街头巷尾发生的轶闻趣事。缪印堂就是在这种充满快乐的气氛中，增长了快乐和智慧，而且还懂得了故事中所包含的很多做人的道理。这些故事对他选取素材和创作，有着很大帮助。缪家父母也希望用这种方式让孩子明辨是非。他们认为这比说教打骂有用得多，他们"要提前给孩子打预防针"，不希望孩子有什么劣迹之后再去管教，那样为时已晚。所以，缪家父母再忙也要关注孩子。有一阵子，他们发现缪印堂每天放学回来都很晚，就开始悄悄地观察，原来，儿子就在他们家旁边的小书摊上。看见儿子沉醉在小画书中的样子，父母不但不因为他晚回家而生气，反倒很高兴，他们认为爱看书的孩子是不会学坏的。从此以后，父母就特意多给一点零花钱让他租书看。得到父母的支持，缪印堂更觉得那个小书摊是他快乐的天堂。

小画书中，那刀光剑影、千姿百态的人物造型令缪印堂百看不厌，由此他喜欢上了搜集花花绿绿的糖纸和各种造型的火花。更让他醉心的是香烟盒里印有《水浒传》108将的小卡片，还有《红楼梦》《西游记》里的人物画像。缪印堂说："其实现在在方便面里放的卡，就是跟那时学的。"从他那得意的神态里，仿佛还能捕捉到他孩童时代盎然的兴趣。后来，他又喜欢上了搜集漫画。就这样，他在暖阳中搜集着快乐，也搜集着浓郁的兴趣。父母虽然不知道孩子搜集这些管什么用，但知道孩子很快乐，而这又都是正当的爱好，既然是正当的爱好，那就支持。有时父母还帮他积攒，和他一起欣赏。虽然父母不懂如何开发孩子的兴趣，但他们能够很好地保护孩子的兴趣和爱好，这使缪印堂受益一生。

要是有人问缪印堂漫画创作时触动灵感的秘密武器是什么，他会自豪地说："小本本随身带。"的确，他喜欢用眼观察，喜欢动脑思考，喜欢动手记录，而这些良好习惯的养成与父母的支持分不开的。

父母看到缪印堂经常把搜集来的画片贴在小本上，并在旁边空白处配上自己的插图，就毫不吝啬地为他买笔、纸和本子。对于漂亮的小本本，缪印堂总是爱不释手，他觉得除了贴画，还应写点什么，于是他开始动笔了。他喜欢观察人喜怒哀乐时的表情，爱琢磨人们的心理活动，然后把人们的心理活动通过他们的表情勾勒在自己心爱的小本本上。这种习惯，一直延续至今。

如今，缪印堂的小本本已有十几本，上面有自己瞬间的火花碰撞，有家长里短的连珠妙语，有搜集的形象或文字材料，或寥寥几笔的勾勒，或寥寥数语的记录。缪印堂把这些比作"白薯"，把对这些素材的加工过程看成是"烤白薯"，他说只有将这些"白薯"精心烤至一定的火候，那诱人的香味才会弥漫开来……

初三的时候，缪印堂因病休学在家。于是，他以前搜集的糖纸、火花、卡片、漫画就有了用武之地，它们不但可供缪印堂欣赏，而且还可供他模仿，画上有什么他就画什么。"啊，画得跟真的一样！"在父母的赞扬声中，缪印堂似乎觉得病痛减轻了一些，而且越画越上瘾。就这样，一直到治好了病，他把各类人物的神态、表情描摹得惟妙惟肖了。

有一次，他在一本《时事画刊》中，看到了有一个栏目叫"群众习作"，上面专门刊登工人、解放军、学生的漫画作品，这给了他极大的诱惑。他开动脑筋，创作了3幅画，寄给了报社。没想到一投即中，漫画作品打响了第一炮，缪印堂的创作激情燃烧起来，从此一发而不可收。如今，缪印堂一想起这段往事，眼睛里依然闪烁着兴奋的光芒。

1953年，缪印堂面临两个选择，一是报考大学，这对重点中学毕业的他来说不在话下，另一个是去北京的《新华日报》社做漫画

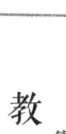

编辑。眼中只有漫画的他一想到大学里没有漫画专业，就毅然决定跟着自己的感觉走，选择去做编辑。父母虽然也希望儿子上大学，可是看到儿子对漫画的兴趣是那么浓厚，明理的他们也只好把自己的意愿深藏心底。因为他们明白一个浅显的道理，那就是：一件事，只有喜欢，才能做得持久；做得持久了，才能做出成效。事实上，这句话在缪印堂身上得到了验证。面对儿子的选择，他们只是送给儿子一句话："既然是自己选择的，就不要后悔。"于是，一个背着简单行囊的年轻人坚定而快乐地只身北上。他也因此走上了漫画艺术的漫漫征途，而且从来也没有后悔过。

从自己的成长经历中，缪印堂有一种体会，他说漫画既可以给人带来快乐，也能带来智慧。他希望孩子们能够走近漫画，学会如何开发创造性思维，长大后，无论干什么，都能去创造性地工作。

蔡志忠的爱护子女秘方

> 生了孩子，还要想着怎样教育，才能使这生下来的孩子将来成为完全的人。
>
> ——鲁迅

蔡志忠，1948年2月2日出生于台湾彰化茄冬；15岁辍学后只身来到台北，开始连环漫画创作；1971年出任光启社电视美术指导；1977年，白手起家，创立远东卡通公司；1981年，另创龙卡通公司；此间，拍摄了《七彩卡通老夫子》《乌龙院》等卡通电影，《七彩卡通老夫子》获金马奖最佳卡通电影长片奖；1983年，开始在各报刊发表四格漫画作品，并在新加坡、马来西亚、日本等地的报章长期连载；1984年，自组个人漫画工作室；1985年，获选为台湾十大杰出青年；1999年，获荷兰克劳斯王子基金会奖。

蔡志忠喜欢狼，"是狼启发了我"，他始终这样认定。蔡志忠相信，狼在大自然那极度恶劣的生态圈中一代又一代所形成的顽强竞争力，正是得益于"不加施教"。所以，他对独生女儿也"不加施教"。

他喜欢让女儿自己拿主意：记得那时女儿还不识字，每次带她上餐馆吃饭，蔡志忠从不为她擅作主张，而是拿起菜单一一念给小家伙听，让她自己选择想吃的餐点。

带女儿去动物园玩时，他又会在关着狼的笼子前驻足。他问女儿："你知不知道'狼'字为什么从'良'，而不是从'劣'？"女儿摇了摇头。他便娓娓解释道："因为是狼淘汰了生物圈中所有不胜任的角色，狼是兽中之良者哦！"

后来女儿念书了，一次数学考试竟然考了零分！妻子在旁又气又急，好脾气的蔡志忠却并没有骂女儿。他一边安抚妻子不要太焦虑，一边郑重其事地和女儿讲："要不要做功课，要做什么才好，你自己判断。"

后来，他们去了加拿大。到了周末，当女儿缠着说要开车郊游时，蔡志忠还是让女儿自己拿主意："那你自己想去哪里？"女儿于是又得歪着头自己来找答案。在这"不加施教"中，女儿潜移默化地接受了生存能力的教育，明白了"我想要什么""我该怎么做"。

加拿大的学校选修课特别多，如何让女儿选择一个方向去发展？女儿爱画画。于是，蔡志忠的画室里多了一张画桌，父女俩常一起画画。

又是星期六，女儿要去动物园，路过一个美术馆，蔡志忠问："进去看看吗？""不加施教"中暗地施教，"听之任之"中巧妙引导，艺术甘霖悄然流进了女儿的心田，绽开了一束自由生长的花。

女儿开始了成为一个设计师的梦想。她画各种画，妙趣横生，人小志气大，不服输的她向编辑讨价："为什么我爸爸四幅可赚2000块，我的却只有200块？"她也像爸爸小时候一样，经常突发奇想："三明治为什么是方的而不是圆的？""汉堡包为什么没有尖呢？"

蔡志忠一年几乎有一半时间在外工作、旅行，妻子也因为拍广告经常不在家。怕女儿寂寞，想找人陪她。谁知女儿并不领情："我才不要有人陪呢！一个人在家更自在，想干什么就干什么！"

那年父亲节，女儿用十几张画纸订在一起，给蔡志忠做了一份特殊的礼物。画纸上，每一张许一个愿，比如，"今年自己独立清扫房间""给爸爸泡一次咖啡""送爸爸一件不算过分的礼品"等等。

看着女儿的礼物，蔡志忠笑了，女儿多像儿时的自己啊，活得那么有条理，那么自由和完整。也许会有人对此提出异议，认为女儿没有接好父亲的班，没有"青出于蓝而胜于蓝"，还认为她的经历太顺畅了，不利于她的成长。但蔡志忠不这样认为。记得香港一家报纸的编辑约他写一篇题为《崎岖的道路》的自传，他摇摇头，说自己没有"崎岖的道路"，如果改题《平坦的大道》倒是可以写一写。"为什么非要挑那种不好的路来走呢，这是哪一家的规矩？"蔡志忠感到奇怪。

牛群爱护子女的方法

> 知道哭，说明儿子在乎输赢，孺子可教也！
> ——牛群

牛群毕业于中央戏剧学院戏剧文学系，师承相声表演艺术家常宝华。1982年，他荣获中国曲艺优秀节目观摩演出创作、表演一等奖。他与冯巩搭档，奉献了大量优秀的相声作品。

牛群36岁得子，给儿子取名牛童。儿子4岁时，牛群就教他下棋。开始时，儿子老输，输了就哭。牛群高兴极了，说："知道哭，说明儿子在乎输赢，孺子可教也！"每次下完棋，牛群等儿子哭完了，就耐心告诉他输在哪儿，然后俩人再战。下的次数和输的次数多了，儿子的心理承受能力强了，就不再输一盘哭一次了。

牛群说："现在各家都是独生子女，不娇也娇，不惯也惯。"于是他把妹妹的儿子接来跟自己的孩子搁在一块儿养。牛群说："两个孩子搁在一块儿，既能淡化他们独生子女的优越感，又能把竞争机制引进家庭。"

妹妹的儿子比牛童大一岁，牛童叫他小哥哥。小哥哥语文成绩好，作文常在全校广播，因为他特别喜欢看课外书。牛童不爱看书，更怕写文章，小哥哥就笑话他。牛童爱面子，不得不经常抢着书本看，时间一长，也看上瘾了。牛童数学成绩好，尤其电脑学得

好，第一次参加全国大赛就夺得三等奖。为了让两个孩子竞争，在计算机大赛前，牛群买了一些黄白扣子，黄扣子当"金牌"，白扣子当"银牌"。他又弄来两面小旗子，一面旗上画只牛，另一面旗画只鼠。因为两个孩子一个属鼠，一个属牛。牛群规定，谁赢了就升谁的旗，"鼠"哥哥得了"金牌"，升"鼠旗"；"牛"弟弟得了"金牌"升"牛旗"。比赛前几天，不用大人催，小哥儿俩一个赛着一个地起早。这一年，小哥儿俩双双夺得全国一等奖，一人抱回一台电脑。

为了培养孩子良好的道德品质，牛群作了十几条规定，奖惩分明。比如说，儿子如不小心把电视机碰了，他可能和颜悦色地说儿子一句："下回注意啊。"可是如果儿子说了谎，他就毫不客气，必定声色俱厉，严加管教。

牛群说，孩子只是德、智两好，身体不好也不行。暑假期间，他推出一个"铁孩子三项"计划，规定每个孩子每天必须做到：跑步1000米，跳绳500下，游泳两个小时。小哥哥倒是高兴练"铁孩子三项"。牛童长得胖乎乎的，平时又不爱活动，一天跳绳500下，这可难为了他，但不练是不可以的。开学后，牛童竟一口气跳了1012下，一举打破了他们学校的纪录！

第五章 关爱学生

孔子因材施教

> 克己复礼，天下归仁焉。
>
> ——孔子

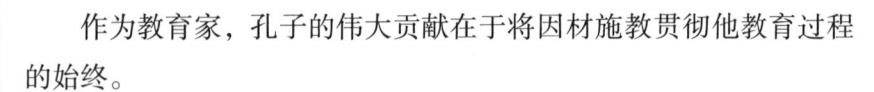

作为教育家，孔子的伟大贡献在于将因材施教贯彻他教育过程的始终。

孔子是一个重视个人气质的教育家，他品评学生的许多语录，都给人以诚挚、由心田自然溢出的感觉。即使过去那么多年了，我们今天读起来，仍然可感受到那话语的温度，能揣摩出他说话时的神情语态。常能想起"默而识之""何不各言尔志""仁矣""雍也""左丘明耻之，丘亦耻之"的话端。

孔子评价学生由德行、政事、言语、文学四个方面入手，他塑造学生当然是本着因材施教的原则。

孔子常能发掘人的内在潜质，这是他教育的基础。克己复礼、道德自律、理性自觉，是他培养学生的行为习惯。"外宽内直"，乃为孔子对蘧伯玉宽容美德的敬重；"践忠守信"，是孔子对老莱子器量的尊崇；《孔子家语》说："不克不忌，不念旧怨，盖伯夷、叔齐之行；思天而敬人，服义而行信，孝于父母，恭于兄弟，从善而不教，盖赵文子之行也；其事君也，不取爱其死，然亦不敢忘其身，谋其身不遗其友，君陈则进而用之，不陈则行而退，盖随武子之行也。"宽、敬、笃、爱，是这段引文的中心。由此我们能看出孔子强调儒家的德尚；同时，也明白了孔子于其前人是有识人知性之才的。这是做一位优秀教师的秉赋，所谓因材施教也。

　　孔子的德化，宽、敬、笃、爱几近于仁矣。因而孔子申明要懂得感恩：以德报德，也要不弃怨者，以德报怨。这需要胸怀。这是孔子的归属情怀，也是儒家道德的终极关爱。孔子一再地称赞好学慧爱的颜回，其原因就在这儿。

　　颜回，鲁国人，字子渊，比孔子小30岁。

　　颜回问仁，孔子曰："克己复礼，天下归仁焉。"即人人都克制自我，不让私欲膨胀，那么就做到自律而爱人了，仁的实现也就有了希望。

　　孔子曰："贤哉回也！一箪食，一瓢饮，在陋巷，人不堪其忧，回也不改其乐。"平时与先生相处，颜回能做到默而识之，如愚也。孔子评价颜回说："如愚。退而省其私，亦足以发，回也不愚。"孔子称赞颜回，说他已臻于"乐道忘忧"的境界。颜回出身贫寒，身居陋室，粗茶淡饭都不能妨碍他每天认真聆听先生的教诲，然后用老师的教诲去检省自己的行为。孔子明确地表示：颜回并不愚钝，他凭着自己的智慧可以振奋自我，扬帆以乘风势。颜回之"如愚"，倒与老子所说的大智若愚气韵契合。

　　孔子谙知颜回，他是活在道德境界的真人。换一个角度，颜回眼中的孔子是"仰之弥高""循循善诱"的圣贤；老师率领弟子在大道上"欲罢不能"了。这绝不是一般意义层面上的习染与交流，这是教育的境界，也就是我们所谓的老师引导学生"热爱真理"。

　　孔子很是懂得听音乐以修养身心、调节节奏，讲究饮食，以补充能量，说俏皮话以娱乐神情。

　　《史记·仲尼弟子列传》载曰："回年二十九，发尽白，蚤死。孔子哭之恸，曰：'自我有回，门人益亲。'"颜回识书明理，又很

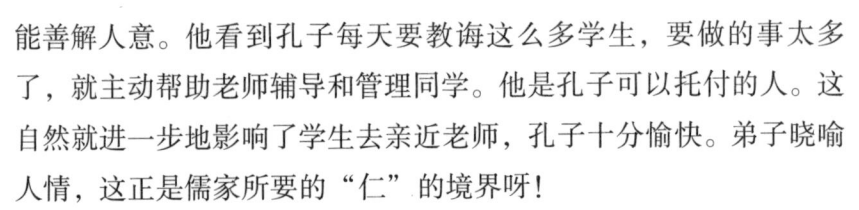

能善解人意。他看到孔子每天要教诲这么多学生，要做的事太多了，就主动帮助老师辅导和管理同学。他是孔子可以托付的人。这自然就进一步地影响了学生去亲近老师，孔子十分愉快。弟子晓喻人情，这正是儒家所要的"仁"的境界呀！

一次，鲁哀公问道："弟子孰为好学？"孔子对曰："有颜回好学者，不迁怒，不二过。不幸短命死矣，今也则亡。"

弟子们通常是怎样的心理状态，孔子是了如指掌的，这样才能因材因时而教。

孔子这样赞扬比他小15岁的闵子骞："闵子骞真孝顺啊！教人们在父母兄弟面前不能说离间的话。"

孔子的学生冉耕，字伯牛。孔子认为他有德行。冉耕患了顽症，孔子前往探视，从窗口握着冉耕的手说："是命运啊！这样的人却得了这样的病，是命运啊！"

孔子的学生仲弓（名雍）询问政事。孔子回答说："出门时好像要去接见贵宾一样恭谨有礼；役使百姓，似乎去承办隆重的祭祀。那么在国内就会没有怨恨，在家里也会没有怨恨。"

孔子认为仲弓有德行，说："仲弓呀，可以让他治理诸侯国家。"仲弓的家世不好，仲弓的父亲是个低贱的人。孔子打趣道："杂牛所生的小牛长着纯红色的毛，两角端正，即使想不用它来祭祀，山川之神难道会舍弃它吗？"孔子的比喻多么美妙，其喜爱仲弓的心情溢于言表。有一点应该点明："祭祀"是指享有国家权力。孔子认为仲弓可享有支配神器的权力。

孔子对学生的求教，是具体问题具体分析。对象不同，分别处理，是孔子因材施教的灵活机制。

孔子对待同样有政治才华的冉有与子路，方法就很不相同。

有一天，冉有问道："一听到该做的事就去做它吗？"孔子说："做它。"子路也问："一听到该做的事就去做它吗？"孔子说："有

132

父兄在，应该先商量商量，怎么能一听到该做的事就去做它！"子华在一旁感到奇怪，说："冒昧地问一句，为什么问题相同，答案却不一样？"孔子说："冉有遇事退缩，因此要勉励他；子路急切好表现，所以要控制他。"

子路是卞地的乡下人，早年间没有受到教育，性子粗蛮，比孔子小9岁。子路喜好逞能斗力，性喜尚勇，又多率直。因此孔子多用礼来调教约束他。

一次，子路问孔子曰："君子崇尚勇武吗？"

孔子回答说："君子认为义是最高尚的。君子好勇而不尚义，就会作乱；小人尚勇而不尚义，就会行盗。"

孔子总评子路说："只听到片面之辞就可以判断案件的，大概只有子路吧！""子路好勇的精神超过了我，没有什么可取。""像子路这种性子，我担心他会得不到好死的。""穿着破棉袍的人跟穿着皮大衣的人站在一起，而不以为耻的，大概只有子路吧！""子路的学问么，好像登上了正房，但还没有进入内室。"

季康子问："子路有仁德吗？"孔子说："有一千辆兵车的国家，可让他管理那里的兵赋，我不知道他有没有仁德。"

孔子说子路性子急，勇力精神超过了老师，爱逞能好表现自我，但智慧还不够；有一定能力，可以管理诸侯国的税赋，至于有没有仁德就说不清了。而且孔子对子路的命运给了最坏的预测：恐怕不得好死。

子路做了季康子家的管家之后，又去卫国做了大夫孔悝采邑的长官。卫国有人叛乱，砍断了子路的帽带。子路说："一个君子即使死了，帽子也不能脱掉。"于是系好帽带，之后就被杀死了。卫国做乱的消息传到孔子这儿，孔子说："哎呀，仲由死了！"

言语突出者，一是宰予（字子张），一为子贡。后来宰予出了问题。他固然是能言善辩的，然而德修上无所用心。孔子严厉批评他是"朽木不可雕也"。宰予向老师打听五帝之德，孔子回绝说："宰予啊，你现在还不配谈论五帝之德呀。"宰予做了齐国都城临淄的大夫，并参与了田常的叛乱，被诛灭九族。孔子痛心以为耻。孔子检讨说："吾以言取人，失之宰予；以貌取人，失之子羽。"孔子又沉痛地说："始吾于人也，听其言而信其行；今吾于人也，听其言而观其行。"

至于子贡，是孔子教育极成功的典范。子贡，姓端木，名赐，字子贡，小孔子 31 岁。子贡口齿伶俐，巧于辞令，因而孔子经常驳斥他的巧辩。孔子诘难于子贡，说："你和颜回谁更贤明？"子贡回答："我哪里敢和颜回相比！颜回听到一个道理，就能推知十个来；我听到一个道理，只能推知出两个。"子贡虽然善辩，可是在老师的教导下，还是有自知之明的，终不至于飘飘然而失去做人的方向。

子贡要毕业时，问孔子："赐何人也？"孔子说："汝器也。"子贡又问："何器也？"孔子回答："瑚琏也。"古人释：瑚琏是宗庙里盛祭品的器皿。夏代称作瑚，殷代称琏，是祭祀所用的珍贵器具。由此可知孔子对子贡的评价是国家的重器、栋梁之材。

陈子禽问子贡说："仲尼是从哪里求得这么广博的学问？"子贡说："周文王、周武王德化思想没有失去，还在人间流传。只有贤德的人才懂得那根本的东西，不贤德的人只去学习那皮毛末节罢了。先生无所不学，从来也不固步自封，因此才能学到那最珍贵的东西呀！"陈子禽又问道："孔子到了这个国家，人们一定要请教他的政治主张，这是他自己争取的，还是别人赐给他的机会呢？"子贡理直气壮地答道："先生是靠着他的'温、良、恭、俭、让'的品德，才得来了人们对他的尊重。这也算求吧，只是先生这种求取方法，也许不同于别人的求取方法吧。"子贡的辩才真是用到该用的地方啦！其机敏、得体、风趣的言辞中有种内蕴的锋芒，真是谈锋甚健，树孔子的威望，扬自己的才华！

子贡常常同老师商讨如何处理一些关键的问题。子贡问："富而无骄，贫而无谄，何如？"孔子回答说："可也。不如贫而乐道，富而好礼。"

田常想在齐国叛乱，但是害怕高氏、晏氏等的势力，于是打算先调动他的部队去攻打鲁国。

孔子对学生们说："鲁国是我们祖宗坟墓所在地，是父母之国。鲁国这样危险，你们为什么不挺身而出？"子路挺身而出，孔子阻止他。子张和公孙龙请求前往，孔子也没有答应。最后，子贡请求出行，孔子答应了他。

子贡先说服了齐国的田常，又南见吴王，皆陈之以利害、诱之以名义，吴王大悦，乃使子贡到越国去，说服越王派大夫文种向吴王保证支持吴王伐齐，又赴晋国使晋兵备战以待吴军。《史记》上说："子贡一出，存鲁，乱齐，破吴，强晋而霸越。"这足见子贡的外交才华，真乃纵横捭阖之策士也。这里，我们可以看出，子贡是孔子众弟子中出类拔萃的，所以孔子才会把最艰巨的重任交给子贡，而不是子路、子张和公孙龙。是谓识才、辨才又能恰到好处地使用人才。子贡也很好地完成了先生交给他的使命。

子贡喜欢做贱买贵卖的生意，随机转换货物资财；喜欢称赞别人的优点，但也不隐瞒别人的过失。他多次帮助鲁国、卫国解除困局，家财累积千金，终卒于齐国。

孔子以为曾参能通孝道，故授业于他。曾参完成了《孝经》的著述。

孔子把《周易》传授给商瞿，商瞿又传给楚人子弘，子弘复传给矫疵，又传给周竖、光羽、田何、王同，王同又传给杨何，杨何在汉武帝时，因研究《周易》而做了汉朝的中大夫。

孔子教育思想的基础是缘乎人性的。简言之可以称作:"天命之谓性,率性之谓道,修道之谓教。"可浓缩成一个词:因材施教。

陶渊明爱生有方

> 勤学如春起之苗,不见其增,日有所长。
> ——陶渊明

陶渊明(约365—427年),字元亮,号五柳先生,入刘宋后改名潜,东晋浔阳柴桑(今江西九江西南)人,东晋末期南朝宋初期诗人、文学家、辞赋家、散文家。他做过几年小官,后辞官回家,从此隐居,田园生活是陶渊明诗赋的主要题材,因此后来文学史上称他为"田园诗人",相关作品有《饮酒》《归园田居》《桃花源记》《五柳先生传》《归去来兮辞》《桃花源诗》等。陶渊明长于诗文辞赋,辞赋中多描绘自然景色及其在农村生活的情景,其中的优秀作品寄寓着对官场与世俗社会的厌倦,表露出其洁身自好、不愿屈身逢迎的志趣,但也有宣扬"人生无常""乐安天命"等消极思想。陶渊明的辞赋兼有平淡与爽朗,语言质朴自然,而又极为精炼,具有独特风格。

陶渊明隐居田园后,有不少读书少年向他求教。一天,他家里来了位少年,少年行礼之后非常诚恳地说:"小辈非常敬仰先生的学识,有心向先生讨教读书妙法,望先生指教。"

陶渊明一听这话便皱了眉头，想责备少年幼稚可笑，做学问时竟想找捷径，但又觉得少年是虚心讨教的，应对晚辈循循善诱。于是他严肃地说："年轻人，常言说'书山有路勤为径'，你可理解其中的含义？"少年听了似懂非懂，不是很明白。

陶渊明便拉着他走到一块稻田边，指着一棵禾苗说："你聚精会神地瞧一瞧，看禾苗是不是在长高？"少年目不转睛地看了半天，眼睛都酸了，那禾苗却仍然和原来一样高。他失望地对陶渊明说："没见长呀！"

陶渊明又把少年带到溪边的大磨石前问道："你看看那块石头，那磨损的马鞍一样的凹面，是在哪一天被磨损成这样的呢？"少年想一想，说："不曾见过。"

陶渊明耐心地启发诱导说："要你看禾苗，是想让你知道，虽然眼睛观察不到，但禾苗的确是每时每刻都在生长。如同我们做学问，知识的增长也来自平时一点一滴的积累，我们自己也没有觉察到。但是只要持之以恒，就可以见成效。所以人们说'勤学如春起之苗，不见其增，日有所长'。"

少年点点头，说："我明白了。这磨损的石头是年复一年地磨损才成马鞍形的，不是一天之功。先生，我说的是不是？"

陶渊明赞许地点点头，接着说："从这磨石，我们可以悟出另一个道理，即'辍学如磨刀之石，不见其损，日有所亏'。学习一旦中断，所学的知识会在不知不觉中慢慢被忘掉。"

少年一下子豁然开朗，叩首拜谢道："多谢先生，小辈明白了'勤学则进，辍学则退'的道理，从此再不妄想学习妙法了。"

陶渊明高兴地对少年说："我给你题个字吧。"他大笔一挥写道：

勤学如春起之苗，不见其增，日有所长
辍学如磨刀之石，不见其损，日有所亏

少年恭恭敬敬地接过字幅，并一直把它当作对自己勤学苦练的告诫。

汤显祖爱生办学

> 县中没有学舍为诸生讲诵，这可是当务之急。
> ——汤显祖

汤显祖（1550—1616年），明代戏曲作家，字义仍，号海若，又号若士、清远道人，临川（今江西抚州）人，在中国和世界文学史上有着重要的地位。

汤氏祖籍临川县云山乡，后迁居汤家山。汤显祖从小聪明好学，"童子诸生中，俊气万人一"。他14岁便补了县诸生，21岁中了举人。以他的才学，在仕途上本可大展宏图，但是当时的科举考试不以才学论人，而成了上层统治集团营私舞弊的工具。万历五年（1577年）、万历八年（1580年）两次会试，当朝内阁首辅张居正要安排他的几个儿子中取进士，为遮掩世人耳目，便想找几个有真才实学的人作陪衬。他打听到海内最有名望的举人无过于汤显祖等人，就派了自己的叔父去笼络他们。但汤显祖洁身自好，不为所动。他憎恶这种腐败的风气，因而先后两次都严辞拒绝了招揽，结果是可想而知的：汤显祖名落孙山。张居正死后，张四维、申时行相继为内阁首辅，他们也曾以翰林的地位拉汤显祖入幕，他都拒绝了。

明万历二十一年（1593年），汤显祖被任命为浙江遂昌知县。他来到遂昌后稍事安顿，便去拜谒孔庙。

这天一早，教谕于可成到县衙来接汤显祖。孔庙位于县衙东南不远，坐北朝南，始建于宋雍熙二年（985年），此后多次修葺，扩大规模。孔庙前有灵星门，当中为大成殿、明伦堂，前面两侧东为名宦祠，西为乡贤祠，灵星门前道路横贯东西，路南侧石雕花护栏，栏外是半月形的荷花池，池水清漪，鲤鱼游戏。

汤显祖一行来到灵星门前，训导周思问、黄继先率县学生员早已在门口迎候。汤显祖看到簇新的殿堂屋宇，心中欣喜，这僻居万山之中的小县，尊圣重儒之风由此可见。汤显祖和学官生员一起瞻拜了先圣，又拜谒了名宦祠和乡贤祠。他感慨地说："遂昌虽地处山区，但地灵人杰，宋代龚原著《易解》，尹尧庵著《资治通鉴纲目发明》，实乃诸生楷模啊。"

"汤大人文名远播海内，学生们仰慕已久。今日来到遂昌为官，真是三生有幸。日后还望大人教诲。"于可成回道。

"就让我们共勉吧！"汤显祖和学官诸生说说笑笑，亲若师友。汤显祖说："我们去看看县学吧。"

汤显祖一提到县学，学官和诸生都显出一副为难的神色，于可成说："不瞒汤大人，遂昌县学早已破败不堪，生员们无处讲学啊。"

"县城内就没有其他学舍吗？"汤显祖不解地问道。

"县城内东南西北四隅有社学，还有几处义塾，因场地狭小，仅可供童生诵习。"于可成惭愧地说，"万历六年（1578年），知县钟大人创讲堂3间，供生员讲习，因年久失修，今已废弃。"

汤显祖和大家来到讲堂处，只见傍山缘溪一片空旷地带，眠牛山树木苍翠，南溪水碧波如带。而3间讲堂断壁颓垣，杂草蔓路，一片荒凉。

回到县衙，汤显祖心情久久不能平静。兴国之本，莫过于教育。文教兴，礼乐行，礼乐行而天下平。汤显祖下决心从办学入手，振兴遂昌的教育。

经过几天调查思考后，汤显祖请来学官一起商议办学的事。首先碰到的就是经费问题。遂昌地处山区，地瘠民贫，赋税微薄，学官们都说："县学破敝，我们几年来多次提议修复，怎奈县里经费无着，不能如愿。万历十六年（1588年）修建先圣庙，知县王大人主持清查民间欺隐官田易价筹资，历经3年才完成。"

"县中没有学舍为诸生讲诵，这可是当务之急啊！"汤显祖说："目前县里尚有三千钱的学租，我们就先干起来，烦劳诸位费心。"

说干就干，汤显祖和学官们一起在眠牛山下原讲堂旧址选好地形，着手先建射堂。经费不足，汤显祖把自己俸禄捐献出来，审案所得的讼金也献出来。有些人出不起讼金，汤显祖便让诉讼人出工出力或出木材。生员们看到汤县令为大家筹建学舍，也都情绪高涨，积极地到工场参加劳动。汤显祖也经常到工场察看并和学员们一起劳动。

不久，射堂建成。宽敞的门厅翼角起翘，门内引泉为池，池水清澈，红鲤鱼在荷间游戏，池边杨柳垂腰，一条通道直达射堂。堂前一片空阔地带，可供驰步骑射，在通道两旁，各建学舍15间，可供60人住宿读书。学舍前后遍植桃李。两个月后，射堂学舍全部竣工，汤显祖为之取名"相圃书院"，大堂名为"象德堂"，并亲自为之题匾。

相圃书院建成，生员们欢欣鼓舞。汤显祖兴学重教的精神也启发了生员们勤学上进的学风。生员们每天早起晨练，日夜诵习，学官们也悉心教导。汤显祖经常到书院给生员讲课，和诸生一起习射，真是一派"射堂尊俎合，文圃竹书翻"的喜人景象。

看到生员们都安心学习，汤显祖着实为之高兴，但他想得更长远。书院建成了，要巩固，要发展，还必须要有相应的措施来保障。汤显祖决定从城隍庙和寿光宫租田中划出一部分，作为相圃书院的租田，安排专人负责收管。所收田租，用于修葺学舍和补贴生员生活之需。汤显祖写了《给相圃租石移文》和《相圃书院置田记》，并刻石立碑，以示后人。

蔡元培爱护北大学生

> 军国民教育、实利主义教育、公民道德教育、世界观教育、美感教育皆近日之教育所不可偏废。
> ——蔡元培

蔡元培（1868—1940年），字鹤卿，祖籍浙江诸暨，中国民主革命家和教育家。他数度赴德国和法国留学、考察，研究哲学、文学、美学、心理学和文化史，为他致力于改革封建教育奠定思想理论基础。他曾任教育总长、北京大学校长、中央研究院院长等职，为发展中国新文化教育事业等作出了重大贡献，堪称"学界泰斗""人世楷模"。

1916年9月1日，身在法国游学的蔡元培，收到中国驻法使馆转来的电报。电报是民国政府时任教育部长范源濂发来的，聘请他担任北京大学校长。

以1898年京师大学堂建立开始计，当时北京大学建校仅仅18年。京师大学堂成立的初衷是痛感国家实力屡弱，力图引进新学来

振兴国势。但是，1916年时的北大，虽然已经改名为国立北京大学，但其作为"皇家大学"的官僚气与衙门气依然浓厚。在教员中，有不少人是北洋政府的官僚。陶希圣先生对那时的北大曾有这样的回忆："民国初年，贵族子弟仍然不少，文科那边有一个学生坐自用人力车（洋车）来上课……"

北大的这种腐败名声，蔡元培早有所闻。朋友们都劝他不要去，担心他"去了，若不能整顿，反于自己的名声有碍"，然而蔡元培内心里已经下定决心。在1919年，他这样说道："我国输入欧化，六十年矣。始而造兵，继而练军，继而变法，最后乃始知教育之必要。"实际上，"教育救国"的理念，是蔡元培自戊戌变法失败后一直坚信不移的信念。

1916年12月26日，蔡元培接受了北洋政府大总统黎元洪的北大校长委任状。1917年1月4日，蔡元培赴北大上任。据当时正在北大上学的顾颉刚回忆：到任那天，校工们在门口排队，恭恭敬敬地向他行礼，蔡元培"脱下自己头上的礼帽，郑重其事地向校工们回鞠了一个躬，这使校工和学生们大为惊讶"。实际上，蔡元培从来也没有把北大校长一职看作是一个官职，他不做官，也要求学生们不做官。他对学生们说："诸君须抱定宗旨为求学而来：入法科者，非为做官；入商科者，非为致富。宗旨既定，自趋正轨。"

蔡元培1月4日到北大上任，1月11日就呈请教育部聘任陈独秀出任文科学长。当时的北大，被重新分为文、理、法三科，下面再分系。文科学长，相当于文学院院长。

蔡元培与陈独秀个性完全不同。陈独秀锋芒逼人，而蔡元培却外圆内方，连疾言厉色都很少见。但是蔡元培欣赏陈独秀的新锐和毅力。蔡元培是在翻阅了十余本《新青年》后决意聘他的。为了聘任他，蔡元培一趟趟"亲顾茅庐"。一次，他去陈独秀的住处拜访，因陈独秀习惯晚睡晚起，他就耐心地坐在门口的一只小板凳上，等待着年龄小他一轮的陈独秀醒来。

起初,陈独秀并不领情。因为他正在专心办杂志,而杂志是在上海办。但蔡元培的诚意和胸怀最终打动了陈独秀,使他决定将《新青年》搬到北京来办——某种意义上说,这才有了后来以北京为中心的轰轰烈烈的新文化运动和五四运动。

在蔡元培引进了陈独秀后,陈独秀又引进了胡适。陈独秀与胡适,是蔡元培"兼容并包,思想自由"的著名八字方针下的两段佳话。蔡元培决心以这八个字来塑造北大,是他在欧洲留学期间就已埋下的心愿。他在《〈北京大学月刊〉发刊词》中阐述了自己对大学精神的理解:"大学者,'囊括大典,网罗众家'之学府也。……各国大学,哲学之唯心论与唯物论,文学、美术之理想派与写实派,计学之干涉论与放任论,伦理学之动机论与功利论,宇宙论之乐天观与厌世观,常樊然并峙于其中,此思想自由之通则,而大学之所以为大也。"

在"兼容并包"的精神下,北大吸引了中国的各路学术精英。以文科为例,从陈独秀、胡适、李大钊、钱玄同、刘半农、周作人、鲁迅,到辜鸿铭、刘师培、黄侃,大师云集。各种文化社团风起云涌。而一种"师生间问难质疑,坐而论道"的学风,一种民主自由的风气,从那时开始形成,成为北大异于其他大学、吸引后来一代又一代学子的独特传统。

实行教授治校,也是蔡元培在国外留学期间感悟到的。蔡元培任北大校长期间,建立起教授会、评议会,各科学长由教授会公举等举措,都是对德国大学管理方法的仿效。据时任北大教授的沈尹默回忆:当时的评议会,由全体教授推举,约5人中选1人;凡校中章程规律(如开放女禁,给予女生同等入学权利),都要经评议会同意。

讲到蔡元培与北京大学,就必然讲到五四运动。在蔡元培的支持下,以北京大学为中心的波澜壮阔的新文化运动,为五四运动孕育了丰厚的文化背景，而五四运动本身，也直接与蔡元培相关。

1919年5月3日，时任北洋政府外交委员会委员长的汪大燮得知中国政府准备在《凡尔赛条约》上签字的消息，亲自赶赴蔡元培家将密电内情告知。当晚，蔡元培立即召集学生代表傅斯年、罗家伦等人，向他们通报消息。学生们得知消息后群情激愤，决定举行游行示威活动。

在游行队伍从红楼出发之前，蔡元培曾在出口处挡了一下。他表示大家有什么要求，他可以代表同学们向政府提。但学生们情绪激愤，不肯答应。

当天晚上，在火烧赵家楼后，有32名学生被警察逮捕，其中有20名是北大学生。

5月4日当晚，北大学生群集在三院大礼堂商讨对策。蔡元培对学生们说："你们今天所做的事情我全知道了，我寄以相当的同情。"话一出，全场欢声雷动。蔡元培又说："我是全校之主，我自当尽营救学生之责……我保证在3天之内，把被捕同学营救回来。"

蔡元培的营救方式，是去当时执政的段祺瑞所敬重的一位前辈家中说情。那位老先生表示这事情难度太大。于是，蔡元培从晚上9点一直坐到12点也不肯走，直到对方表示愿意一试。

在社会的强大舆论压力下，被捕学生于5月7日被保释出狱。而蔡元培却在5月8日向政府提交辞呈。第二天，蔡元培悄然离开北京，去了天津，后来回了浙江老家。

蔡元培一生中，辞过几十次职。他自认是一学者，从来没有想过要做官，他也绝不会以辞职要挟谁，他只是感到深深的"自伤"。

但这一次的辞职，产生的社会震荡远超出蔡元培所想。从北大到北京学界，"挽（留）蔡"竟成了难以平息的学潮的一个组成部分。为表示与蔡元培同进退，北京市各中专以上的校长，也全部提交辞呈。在这种压力之下，蔡元培终于于7月答应回校复职。

蔡元培后来曾说：自己"居北京大学校长之名义，十年有半；而实际在校办事，不过五年有半"。1923年之后的蔡元培，人或在海外，或在国内办大学院和中央研究院等，已不再管理北大校务，但是，北大却从此确立了现代传统和校格。而蔡元培也因此成为伟大的教育家。

中山大学历史系教授袁伟时在接受《中国新闻周刊》采访时这样评价蔡元培：他曾经做官做到国民党的中常委，但他不是政治家，在政治上他曾被人利用；在学术上，他曾有伦理学等方面的论述，但远远比不上他在教育事业上的成就——他将北大办成了中国第一所真正意义上的现代大学。

朱自清为门生写《级歌》

> 莫怕困难，莫怕折磨，勠力同心全在咱！
> ——朱自清

朱自清（1898—1948年），原名朱自华，字佩弦，号秋实，江苏扬州人，原籍浙江绍兴。朱自清于1920年毕业于北京大学，1923年发表长诗《毁灭》，后又从事散文工作，是我国著名散文家、诗人、古典文学研究家。

从1920年在北京大学结业起，到1948年8月12日不幸为贫病夺去生命，朱自清先后在杭州、扬州、温州、宁波等地的中学和清华大学、昆明西南联合大学等学校任教。在教学之余，他热衷于诗歌、散文创作和中国古典文学研究，写出了许多脍炙人口的名篇。朱自清还曾为清华大学第九级（1933年入学，1937年结业）门生写作了《级歌》的歌词。歌词如下：

莽莽平原，漠漠长天，举眼破碎领土。
同砚少年，同砚少年，来挽既倒狂澜。
去向民间，去向民间，国家元气在民间。
莫怕艰难，莫怕煎熬，勠力同心全在咱！

《级歌》歌词写得豪迈、深沉，道出了学子们的抗战心声。

1937年卢沟桥事变时，正是第九级门生结业的时间。他们中的一些人"举眼破碎领土"，高唱着《级歌》"走向民间"，扎根于人民群众之中，加入抗日战争，为中华民族献出了生命。

陶行知办学爱生

> 为了苦孩，甘为骆驼；于人有益，牛马也做。
> ——陶行知

"学高为师，身正为范"体现了师德的重要性，就是榜样的作用。老师的品行、道德、修养、气质，对学生的影响很大。一个散发着人格魅力的老师，会给他的学生带来受益终身的影响。

一个孩子的母亲，因孩子把她刚买回家的一块金表当成新鲜玩具给摆弄坏了，就狠狠地揍了孩子一顿，并把这件事告诉了孩子的老师。不料，这位老师却幽默地说："恐怕一个中国的'爱迪生'被你枪毙了。"这个母亲不解其意。老师给她分析说："孩子的这种行为是创造力的一种表现，你不该打孩子，要解放孩子的双手，让他从小就有动手的机会。"

"那我现在该怎么办？"这位母亲听了老师的话，对自己的行为后悔不迭。

"补救的方法是有的。"老师接着说："你可以和孩子一起把金表送到钟表铺，让孩子站在一旁看修表匠如何修理。这样，钟表铺就成了课堂，修表匠就成了先生，你的孩子就成了学生，修表费就成了学费，你孩子的好奇心也可以得到满足。说不定，他还可以学会修理呢！"

这个故事中的那位老师就是我国著名的教育家陶行知先生。

在创办南京晓庄学校的初期，陶行知作过一条规定，即全校师生员工一律不准喝酒，违者要进自省室里反省。

一次，晓庄的农友请陶行知吃饭。农友们向陶行知敬酒，陶行知一再解释说不能喝，农友们却坚持道："您不喝就是瞧不起我们农民，瞧不起我们就不算我们的朋友。"陶行知没办法，只好把酒喝掉了。农民们非常高兴，把陶行知引为自己的朋友。他们哪里知道，陶行知一返回学校，便立即进自省室里反省去了。

1941年，在极端困难和不断遇到迫害的严重情况下，陶行知更表现出革命英雄主义精神。当时物价暴涨不停，学校开支出现了极大困难，常有断炊之忧，以至于陶行知发出了"我不得不和米价赛跑"的感慨。在经济最困难的时刻，陶行知不得不忍痛宣布：全校节衣缩食，每天改吃两餐。他甚至提出要像武训那样用"行乞兴学"的精神来渡过难关。1944 年 9 月 25 日，陶行知在为画家沈淑羊画的《武训画像》题词写道："为了苦孩，甘为骆驼；于人有益，牛马也做。"

　　陶行知自己节衣缩食，把收到的钱都拿去培养儿童，他自己则常穿着破旧的衣服奔走于富贵大人和太太之门。从英国回来之时，他曾买了一件大衣，穿久了，又脏又破，他便把它翻过来穿。一次，他去找一位阔大人，通报的人说："先生，对不起，我们老爷向来不接待你这样装束的人，请你回去吧。"陶行知不慌不忙，掏出一张名片来递给他，那人只好恭顺地送进去了。

　　在晓庄师范学校，陶行知和大家一起穿草鞋、挑粪、种田、种菜、养鱼，他请一位出色的庄稼人唐老头教大家耕种的方法，他自己也做了唐老头的学生。他说："三百六十行，行行出状元，行行都有我们的老师。"那时候，大家都是自己扫地、抹桌、烧饭……所有生活上的事不用听差、伙夫，陶行知也亲自参与其事。

四块糖的故事

> 你能正确地认识错误，这块糖果值得奖励给你。
> ——陶行知

　　陶行知先生在育才学校当校长时，发生过这样一件事情：

一天，陶行知在校园里看到学生王友用泥巴砸自己班上的男同学，陶行知立即制止了他，并让他放学后到校长室去。

放学后，王友早早地来到校长室门口准备挨训。这时，陶行知走过来了。他一看到王友，就掏出一块糖递给他，说："这是奖给你的，因为你按时来了，而我却迟到了。"

王友惊愕地接过糖，目不转睛地看着陶行知。这时，陶行知又掏出一块糖递给王友，说："这块糖也是奖给你的，因为当我不让你再打人的时候，你立即就住手了，这说明你很尊重我，我应该奖励你。"

王友更惊愕了，他不知道校长到底想干什么。

这时，陶行知又掏出一块糖放到王友的手里说："我已经调查过了，你用泥块砸那些男生，是因为他们不守游戏规则，欺负女生。你砸他们证明你很正直善良，并且有跟坏人作斗争的勇气，应该奖励。"

王友听了非常感动，他失声叫了起来："校长，您打我吧，我砸的不是坏人，而是自己的同学呀！"

陶行知满意地笑了，又掏出一块糖递给王友，说："你能正确地认识错误，这块糖果值得奖励给你。现在我已经没有糖果了，我们的谈话结束了，你也可以回去了。"

陶行知的教育让王友明白了，不管在什么时候，都要换个角度想想问题。可见，父母应该教育孩子经常问自己："要是我处在这种情况下，我会怎么想呢？又会怎么做呢？""我现在应该为他做点什么，才会让他的心里感觉好受一些呢？"这样，孩子往往会看到问题的另一面，从而产生宽容的品格。

斯霞关爱学生

> 尊重儿童，教学民主。
>
> ——斯霞

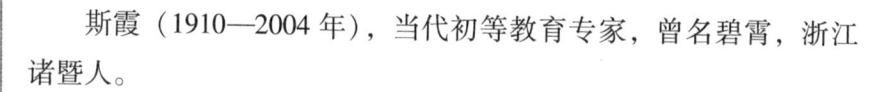

斯霞（1910—2004年），当代初等教育专家，曾名碧霄，浙江诸暨人。

1910年12月，斯霞出生于浙江诸暨，1922年就读于杭州女子师范学校，1927年毕业后先后在绍兴第五中学附小、嘉兴集贤小学、肖山湘湖师范学校、南京东区实验学校等学校任职，1932年起在中央大学实验学校小学部（南京师范大学附属小学前身）工作，1956年加入中国共产党。

斯霞老师毕生从事小学教育，为教书育人倾尽心血，贡献卓著。20世纪50年代，她创造出"字不离词，词不离句，句不离文"的小学语文随课文分散识字教学法，大面积、高效率地提高了识字教学的质量。20世纪60年代，经专家学者总结、论证，斯霞的"以语文教学为中心，把识字、阅读、写话三者结合起来"的小学语文教学法，在全国产生广泛影响。新华社1963年播发的通讯《斯霞和孩子》向国内外传扬了她的感人事迹。斯霞主张通过生动活泼的授课提高教学效果，来增加教学内容和识字量，反对延长教学时间，主张教师必须要有丰富的知识，尽可能地去满足学生多方面需要，帮助他们打开知识闸门，点燃智慧火花。退休后，她仍一如既往地每天到学校做力所能及的工作，学校、学生已成为她生命中不可缺少的部分。

斯霞不只是一个教书匠，在她的身上始终蕴藏着慈母般的温情，流淌着爱的暖流。她的床，学生们睡过；她的衣服，学生们穿过。每一个学生的思想品德、温饱冷暖，她无不牵挂。

深秋的一天，突然刮起了西北风，气温急剧下降，一些家长为孩子送来了衣服，可还有很多双职工子女仍然穿着单薄。下课后，斯霞回到自己家里翻箱倒柜，把所有能穿的都拿了出来。大大小小的各种衣服虽然学生们穿着不是很合身，但却温暖了一颗颗幼小的心灵。第二天，一个姓吴的女学生拿着斯霞平时穿的红毛衣来还给斯霞，说了声"谢谢"就离去了。斯霞打开毛衣一看，里边还包着一个鲜红的苹果。

南师附小的校门口原先比较低洼。每到下雨天，校门口便成了一个大水塘。这对于七八岁的小学生来说，是一个不小的障碍。下雨天上学时，斯霞总是早早地站在校门口，把他们一个个背过来；放学时，她又把他们一个个背过去，看着他们安全地离去。

一次晨会课，斯霞发现有个学生趴在桌上。她走到那个学生身旁，摸了摸他的额头，发现他头上都是冷汗。斯霞轻声地问他是怎么回事，学生说他们家搬家了，刚才上学急呼呼地走了半个小时，现在感到浑身很累。斯霞让他安静地伏一会儿。下午放学后，斯霞亲自到这个学生家里去，他的新家离学校确实很远。斯霞向学生的父母说："如果你们放心，就让孩子住在我的宿舍里，行吗？"怎么不行呢，学生的母亲激动地握着斯霞的手，连连表示感谢。就这样，这个学生在斯霞的房间里住了几个月，直到毕业后才搬回家去。

斯霞撒下了爱的种子，学生们也都把她看成知心的母亲，爱戴她，尊敬她，有话愿意向她说，有事愿意找她讲。毕业离校了，学生们还保持着和她的联系。

斯霞在日记中这样写道："当我在党的教育下，逐步树立了一切为着孩子的成长，一切为着祖国的未来这样的信念时，我千方百计地去钻研我的工作，如饥似渴地去补充我的知识，再苦、再累也心甘情愿。有了这个信念，个人的安逸、家庭的幸福，如有必要，我都能牺牲；有了这个信念，什么样的屈辱我都能忍受，什么样的磨难我都不怕；有了这个信念，所有那些瞧不起'孩子王'、瞧不起小学教师的世俗观念，都不能使我动摇，我都可以像抹去一缕蛛丝一般地把它丢在一边……有了对所从事的工作的执着热爱，再平凡的岗位也可以作出不平凡的贡献。"